智能车路系统测评
关键技术及方法

李　旭　徐启敏　李宏海　周晓晶　编著

科学出版社

北　京

内 容 简 介

本书系统地介绍了智能车路系统的测试评价技术，首先介绍了智能车路系统的发展现状以及传统的测试技术，在此基础上提出了针对智能车路系统的测评体系构架；然后，分章节详细描述了智能车路系统的硬件在环测评技术及方法、场地测评关键技术及方法；最后结合实际案例对典型智能车路系统功能的测试结果进行了展示分析。

本书可供相关领域的专业研究人员、相关企业工作人员、高校师生以及对智能车路系统感兴趣的读者阅读和参考。

图书在版编目（CIP）数据

智能车路系统测评关键技术及方法 / 李旭等编著. —北京：科学出版社，2022.3

ISBN 978-7-03-070861-8

Ⅰ. ①智… Ⅱ. ①李… Ⅲ. ①交通运输管理－智能系统－测试技术 Ⅳ. ①U495

中国版本图书馆 CIP 数据核字（2021）第 256622 号

责任编辑：王 哲 / 责任校对：胡小洁
责任印制：吴兆东 / 封面设计：迷底书装

科学出版社 出版
北京东黄城根北街 16 号
邮政编码：100717
http://www.sciencep.com

北京中石油彩色印刷有限责任公司 印刷

科学出版社发行 各地新华书店经销
*

2022 年 3 月第 一 版 开本：720×1000 B5
2022 年 3 月第一次印刷 印张：11 1/4 彩插：1
字数：220 000

定价：99.00 元
（如有印装质量问题，我社负责调换）

前　　言

　　智能车路系统(Intelligent Vehicle-Infrastructure System，IVIS)是目前交通领域的科技研究前沿，是以车和路的智能化为条件，强调车与路智能协同能力和服务水平的复杂系统；是引发道路交通组织和运行形态变革，解决道路交通安全、拥堵、污染等重大问题的有效手段。发达国家均在实施推进IVIS发展的相关行动计划，我国结合国情也在适时部署，"十二五"期间启动的863计划项目"智能车路协同关键技术研究"等有效推动了IVIS技术和产业发展。目前，我国已建立了IVIS体系框架，IVIS共性基础和系统集成关键技术也有所突破；同时，智能交通、汽车、通信等领域跨界融合助推智能路侧、智能车载、通信交互关键设备和系统产业加速发展。IVIS已由研发阶段向工程应用阶段演进，应用技术保障和产业支撑基础已经具备，急需破解工程应用准入测评难题。

　　"十三五"期间启动的国家重点研发计划项目"封闭和半开放条件下智能车路系统测试评估与示范应用(2018YFB1600800)"，针对IVIS"人-车-路-环境"强耦合复杂系统测评难题，瞄准包括测评标准场景、测评专用系统与装备、集成测试与综合评估平台的IVIS完整测评工具链，开展集中攻关。本书重点介绍了智能车路系统测试技术及方法方面取得的相关科研成果。

　　全书共5章，第1章介绍智能车路系统的相关概念和发展现状；第2章在介绍传统车辆和通信测试技术的基础上，阐述了智能车路系统测评的体系构架；第3章详细介绍智能车路系统硬件在环测评技术及方法；第4章针对智能车路系统场地测评所需的关键技术展开详细阐述；第5章介绍国内外知名的智能车路系统测试场地以及场景构建方法，在此基础上，提出典型智能车路系统功能的测评方案并分析部分实际场地测试的结果。

　　本书主要作者是东南大学李旭、徐启敏，交通运输部公路科学研究所李宏海和东南大学周晓晶，其中，李旭负责第2章的撰写及全书的统稿，徐启敏负责第3、4章的撰写，李宏海负责第5章的撰写，周晓晶负责第1章的撰写。东南大学的陈国华、胡玮明、陆红伟、孔栋、胡锦超、胡悦、尉雪珂、赵鑫、汤张枫、金思甫、翟一帆、姚鹏，公安部交通管理科学研究所的罗为明也参与了本书的编写工作。

　　本书得到了国家重点研发计划项目"IVIS测试评估技术研究及装备研发"（2018YFB1600803）、国家自然科学基金项目（61973079、41904024）、江苏省重点研发计划项目（BE2019106）资助，在此向相关部门表示衷心的感谢！本书在撰写过程中参考了大量国内外公开发表的文献，在此也向相关文献的作者一并表示感谢！

　　智能车路系统及其测评技术尚处于快速发展过程中，受时间、资源及专业、能力所限，本书的内容未必全面。由于作者水平有限，书中难免存在不妥之处，恳请专家、学者及广大读者批评指正，以便我们在后续工作中不断完善；也希望通过本书搭建与各方交流探讨的平台，共同推动智能车路系统测试评价技术的发展。

作　者

2022 年 2 月

目　　录

彩图

第 1 章 智能车路系统简介及发展现状

1.1 智能车路系统简介

智能车路系统(IVIS),其内涵与车路协同类似,是智能交通系统(Intelligent Traffic System,ITS)的最新发展方向。车路协同将是一种安全、高效和环保的道路交通系统,它采用先进的无线通信和新一代互联网技术等,全方位实施车车、车路动态实时信息交互,并在全时空动态交通信息采集与融合的基础上开展车辆主动安全控制和道路协同管理,充分实现人车路的有效协同,保证交通安全,提高通行效率。

近年来,随着自动驾驶技术的发展,车路协同经常作为与"自主式"自动驾驶相对应的一种技术路线被提及,但车路协同本身并不是近年才出现的新概念。所谓协同,就是指协调两个或者两个以上的不同资源或者个体,一致地完成某一目标的过程或能力。对于道路交通系统而言,"车"与"路"作为基本组成要素,由于不同"车"的道路占有权是彼此互斥的,随着车辆数量的增加,必然突出道路交通系统的根本矛盾,即个体驾驶行为的自利性与道路资源有限性的矛盾。这种矛盾一方面会导致交通拥堵,另一方面也会显著地增加交通事故的概率[1]。因此,交通管理控制的终极目标就是减小乃至消除"车"与"路"的根本矛盾,实现道路交通系统的安全、高效、稳定运行,这也正是车路协同的基本思想。

回顾道路交通系统发展历史,人们一直在利用交通规则来缓解"车"与"路"的矛盾。从最开始的道路划分左右车道行驶,到标志标线、信号灯,直至为更加充分利用道路资源而设计的潮汐式车道,都是为了让复杂的道路交通系统能有序协同运行。在道路交通的人、车、路(环境)闭环系统中,人(驾驶员)是决策与实施控制的主体,"车"只是人物理的延伸,所以传统的道路交通系统本质上是一个"人-人"协同系统。但随着路网规模增大、车辆数量增加、规则复杂程度越来越高，由人来主导的协同效能也逐渐达到瓶颈；同时人也是系统中"稳定性"最差的一个要素，人容易受自身和环境影响，导致感知、决策和执行等方面能力的变化，而这种变化多数是不可预测的。因此仅依靠人自身的能力来协调解决"车"与"路"的矛盾变得越来越困难。

车载智能化虽然可以逐步代替人类驾驶员实现自动驾驶，但仍属于单车自主驾驶行为，对环境的感知范围受到车载传感器探测范围的限制。因此，其提高交通安全的程度也受到很大制约。而路侧智能化则不然。无论是局部环境信息还是宏观全局信息，特别是安全行驶所需的信息，都可由路侧信息基础设施实时获取后加以处理，并适时地提供给过往汽车，甚至直接发送驾驶控制指令。车载功能和路侧功能的技术比较优势如表 1.1 所示，可以从优势互补的角度更加合理地配置车载和路侧的功能，同时从提高系统功能安全的角度进行适当的冗余设计。

表 1.1　车载功能和路侧功能的技术比较优势

	功能	车载系统	路侧系统
环境感知	车辆周边信息	优势	劣势
	远距离、盲区信息	劣势	优势
	气象环境适应性	劣势	优势
	意图判断与信息交互	优势	劣势
	与其他信息的关联	劣势	优势
判断决策	计算与存储的经济性	劣势	优势
	规划决策	个体局域	系统全局
动作反应	信息提供的针对性	优势(个性化)	劣势
	控制调节的及时性	优势	劣势

随着现代信息技术以及人工智能技术快速发展，智能交通技术深度应用，传统的车路协同手段逐渐向智能化的车路协同技术转变，即通过不断提升车辆以及道路智能化水平，降低乃至消除对"人"的依赖，同时依赖个体的决策方式也向依赖更加丰富信息的全局决策方式方向发展，从而共同实现系统安全高效运行。由于过去 20 年移动通信技术的发展始终无法满足低延时、高可靠的车路交互要求，针对交通安全的智能车路协同应用一直进展缓慢，但车路协同思想在公路收费服务以及个别领域得到了积极探索和实践。例如，始于 2000 年的智能公路磁诱导技术研究，以布设在车道上的磁道钉及其编码为参考标记，以车载传感器探测磁信号并经运算确定车辆相对位置，并据此

进行车道保持控制或偏离预警，如图 1.1 所示，由于其全天候工作的特点，基于该技术的辅助驾驶系统在新疆冬季除雪车辆上得到应用，它为驾驶员提供视野增强能力和拓展功能，取得了良好的效果[2]。另外，我国公路 ETC 技术研发始于 20 世纪 90 年代中期，其核心底层技术是交通专用短程通信（Dedicated Short Range Communication，DSRC）技术，如图 1.2 所示，其支撑了车载单元（On Board Unit，OBU）与路侧单元（Road Side Unit，RSU）之间的实时支付交易[3]。2019 年，全国取消高速公路省界收费站后，在高速公路省界、每个互通立交、入出口之间设置 ETC 门架系统，实现对所有车辆"分段计费、出口收费"，可以说是当前规模最大的车路协同应用。

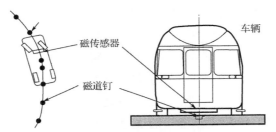

图 1.1　智能公路磁诱导技术

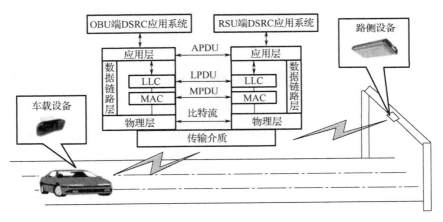

图 1.2　基于 DSRC 的电子不停车收费

因此车路协同反映了载运工具与基础设施之间的一种关系，它是以解决"车"与"路"的矛盾为基本宗旨，代表着将"车"与"路"看成一个整体来构建完整的智能交通系统的思想，是当前技术条件下智能交通系统在道路交通领域的具体表现之一。

车路/车车间直接信息交互，即车路直连通信（Vehicle to X，V2X），是构建智能车路协同应用的底层能力和基础支撑技术，也是智能车路协同应用区别于其他传统的智能交通应用的最显著特征。这里所指的直连通信是指路侧、车载设备通过无线传输方式，实现车与车、车与路直接通信和信息交换。目前，国家规划 5905～5925MHz 频段作为车路直连通信的工作频段。关于我国 V2X 技术路线，一方面，交通专用短程通信 DSRC 已成功应用于 ETC，车载用户已突破 2 亿，产业链相对成熟，同时已为车路协同拓展应用预留了接口和信道资源；另一方面，基于 4G-LTE 的 LTE-V2X 技术已逐渐成熟，并且正在向 5G-V2X 演进，为 V2X 提供了更多的技术选择。目前，业界已经就 DSRC 和 LTE-V2X 融合形成了初步共识，例如，采用双模芯片的 T-Box，作为 DSRC 与 LTE-V2X 协同方案的一种探索。

随着无线通信和人工智能技术的发展，特别是 5G 技术的应用，业界对智能车路协同的期待更多聚焦于高可靠、低延时的车路直连通信在交通安全和车辆控制功能的应用上。其核心是强调运载工具和基础设施间的实时交互和动态调整，改变传统车和路之间的交互方式，实现车载功能和路侧功能的合理划分和协同操控，以及信息资源在车辆和基础设施之间的优化分配与平衡，大幅地提高道路交通的安全性和可靠性，同时达到优化利用系统资源、降低成本及节能减排的目的。

1.2 智能车路系统发展现状与趋势

智能车路系统中通信节点的高移动性、移动行为的复杂性，使得此场景下通信业务呈现数据实时交互性强、空时分布不均、尺度多变、规律复杂的特征，导致传统的车联网网络部署、资源调配难以有效满足用户的差异化服务需求。因此，迫切需要设计"车-人-路-云"泛在互联的智能车路系统网络，通过充分挖掘车辆行为数据的潜在价值，精准预测、刻画车辆行为的空时分布特性，以提升智能车路系统资源利用率，改善智能车路系统服务性能。

本节重点介绍了国内外在智能车载系统、智能路方面的研究现状，指出未来随着技术的不断进步，智能车路系统建设将日趋完善，车路分离的现状终将被改变，车路之间、车车之间会建立有效的信息沟通，极大地提高车辆与道路资源使用效率，减少交通安全事故的发生。

1.2.1　智能车载系统发展现状

智能车载系统融合了多项关键技术，如环境感知技术、无线通信技术、智能互联技术、信息融合技术、人机界面技术和信息安全与隐私保护技术等。智能车载系统主要包括环境感知系统、决策与控制系统和执行系统。感知主要可分为自主式感知和网联式感知。通过车载传感器获得的对复杂环境的感知，称为自主式感知；借助现代通信和网络技术来感知环境，称为网联式感知。在大数据时代，自主式感知可以由通信设备传播至互联网络，同时网络式感知也可分发至智能车载系统，这是一个交互的过程。存在于互联网络中的智能车载系统，通过这样的密切交互，形成了一种特定的新型网络系统——车联网。而车联网并不只是一般意义上的信息服务，它除了包括车车通信、车路通信和车内部的通信外，还包括了在移动互联下能提高安全和节能等方面指标的信息服务。

目前在智能化方面，业内普遍接受的是美国汽车工程师协会（Society of Automotive Engineers，SAE）的分级定义。它分为 L1 驾驶辅助（Drive Assistance，DA）、L2 部分自动驾驶（Partial Automation，PA）、L3 有条件自动驾驶（Conditional Automation，CA）、L4 高度自动驾驶（High Automation，HA）、L5 完全自动驾驶（Full Automation，FA）五个等级，如果包含 L0 无自动驾驶（No Automation），则可视为六个级别。

无自动驾驶：驾驶人是整个汽车系统的唯一驾驶决策者和操作者，通过控制方向盘、加速踏板、制动踏板等来实现对汽车的驾驶和控制。

驾驶辅助：系统可提供方向和加减速中的一项驾驶辅助功能，如自适应巡航控制（Adaptive Cruise Control，ACC）功能或车道保持辅助（Lane Keeping Assist，LKA）功能，其他驾驶操作由驾驶人完成。驾驶辅助按其功能可分为两类，即预警类驾驶辅助和执行类驾驶辅助。在遇到紧急情况时，预警类驾驶辅助功能只发出告警信号，由驾驶人决定如何操作，而执行类驾驶辅助功能则可自主判断决策，控制车辆实现加速、制动、转向等动作，避免偏离。

部分自动驾驶：两个以上的方向和加减速中的驾驶辅助功能被组合在一起（如车道变换），提供方向和加减速中的多项驾驶辅助。如 ACC 功能与 LKA 功能组合在一起，但驾驶人需要时刻监视前方路况的变化，根据车辆环境随时接管对车辆的操作。

有条件自动驾驶：驾驶人短暂地释放对车辆的控制，由系统完成对方向盘、加速踏板、制动滑板等的所有驾驶操作。特殊情况下，如驶离高速公路等，车辆判断是否需要将车辆控制权交还给驾驶人，如果需要则提醒驾驶人，驾驶人按要求接管对车辆的驾驶操控。

高度自动驾驶：驾驶人可长时间地释放对车辆的控制，实现高速公路全部清空和特定区全部路况的无人驾驶，如封闭的小区或特定的市区路段。特殊情况下，如驶离封闭的小区或特定的市区路段，系统提醒驾驶人是否接管对车辆的操控，驾驶人可以不响应。

完全自动驾驶：这是最高程度的自动驾驶，即车辆在整个行驶过程中完全自动控制，全程检测交通环境，能够实现所有的驾驶目标。驾驶人只需提供目的地或者输入导航信息，实现门到门的货物或人员运输。方向盘与制动踏板的操作为可选项，驾驶人操作也为可选项。

在环境感知方面，当前广泛使用车载传感器包括 CCD 传感器、声波传感器等，用来感知车辆周围环境。现有较为成熟的视听觉导航系统包括谷歌公司 Driverless Car 的环境感知系统[4]、德国联邦国防大学的 VaMP 系统[5]、美国卡内基梅隆大学的 RALPH 视觉系统[6]、意大利帕尔马大学的 GOLD 视觉系统[7]、Mobileye 公司实时视觉系统[8]、清华大学 THMR-V 系统[9,10]和国防科技大学自动驾驶仪系统[11]等。

对于辅助驾驶及车载通信方面的研究，美国在 20 世纪 90 年代以后进入高速发展期，集中于车辆综合安全系统[12]、道路交叉协同防撞系统[13]等。欧洲有为驾驶者提供安全辅助信息的 SAFESPOT[14]、专注于驾驶安全预警技术研究的 PreVENT[15]。产业化的代表成果是日本在 1998 年左右建成的车辆信息通信系统（Vehicle Information and Communication System，VICS），其包含先进的交通信息中心和车载交通信息接收显示器，系统通过 GPS 导航设备、无线数据传输、广播系统，将实时路况信息和交通诱导信息即时传送给交通出行者，使道路交通更加高效、便捷。

在我国，2015 年百度无人驾驶汽车完成北京开放高速路的自动驾驶测试，如图 1.3 所示。2016 年，长安汽车完成 2000km 超级无人驾驶测试。百度公司在积极推动智能汽车技术进步、全力提升 Apollo 平台安全性的同时，也催生了无人配送车、无人清扫车、无人微循环巴士等"自动驾驶新物种"的出现，促进了自动驾驶产业发展。

图 1.3　百度无人驾驶汽车

1.2.2　智能路侧系统发展现状

早在 20 世纪 60 年代，国外就已产生了在道路交通方面的应用信息、通信技术，从而使道路和车辆更加协调，交通更加系统化，并减少了交通堵塞和交通公害，提高交通安全性。主要手段包括向驾驶员提供交通信息、通过管制引导交通或限制交通、实施自动驾驶等。例如，美国通用汽车公司 1966 年开发的信息系统和俄亥俄州大学进行的自动驾驶实验[16]，以及日本丰田汽车公司提出的 MAC 系统和机械实验所进行的自动驾驶实验等[17]。

1997 年，美国加州进行了自动公路系统的演示，并于 1998 年开始组织智能车先导 IVI 计划、协同式车辆-公路自动系统 CVHAS 以及车路协同 VII 计划的研究。2007 年，VII 计划被美国交通部更名为 IntelliDrive。2009 年 11 月 8 日，美国交通部发布了《智能交通系统战略计划 2010-2014》，为之后五年的智能交通系统 ITS 研究项目提供战略引导。2012 年，相关部门在美国加州、密歇根州等地建立了相应的车路协同城市平台。2014 年 2 月，DSRC 被美国交通部确认为 V2V 通信的标准。美国 ITS 中关键的安全性应用领域要求采用 5.9GHz DSRC。

2001 年，欧盟发表白皮书《面向 2010 年的欧盟交通政策：时不我待》(European Transport Policy for 2010：Time to Decide)，提出到 2010 年道路死亡人数减少 1/2 的宏伟目标。为实现这个目标，欧盟启动了 eSafety 计划。2004 年～2010 年，欧洲投入了大量经费研究车路协同，解决了一系列智能车路系统关键技术，并先后推出了 PReVENT、SAFESPOT、CVIS、C00PERS 等项目。

在国内，为了实现城市道路交通的畅通，缓解城市交通拥塞，减少道路交通事故，中国公安交通管理部门一直把科技应用作为主要发展方向，致力于城市交通管理的科学化、现代化和智能化。我国以城市交通指挥中心为核心的智能交通发展大致经历了以下阶段[18]：①20 世纪 80 年代末到 90 年代初，城市交通监控中心以建立交通信号控制系统和交通电视监视系统为主要内容，对路口信号灯进行点、线、面相结合的控制，对路面的交通状况进行实时的监视，并辅之以人工干预。②20 世纪 90 年代初，原来的监控中心增加了 GPS 车辆定位系统、交通事故接处警系统、交通群体诱导系统、交通管理信息系统和交通地理信息系统等，并逐步发展为城市交通指挥中心。③20 世纪 90 年代末，中国公安交通管理部门和科研单位开始研究如何实现各个系统之间的信息交换与共享，如何实现快速反应决策，完成统一调度与指挥，以建立新一代的智能化城市交通指挥系统，实现城市交通的智能化。④20 世纪初，北京、上海、广州、济南和重庆等国内大城市通过持续、滚动的规划，以中心区道路交通信息采集系统工程作为实施智能路的切入口，形成建立交通信息平台的基础性条件；扩大信息采集范围，完善信息采集内容，提升数据加工能力；建设数据交换与共享平台；面向决策者、管理者、使用者开发应用服务系统。

2015 年，清华大学校园成为我国车路协同首个园区运行示范基地，校园内 8 处交通复杂路口建设应用车路协同路侧系统，实现对周边环境的动态检测，并通过 DSRC、Wi-Fi 和 LED 发布；在 30 辆校园公交车安装一体化车载终端，给驾驶员提供安全预警。

2020 年，华为依据《全国高速公路视频云联网技术要求》，构建具备竞争力的视频云联网解决方案，如图 1.4 所示，包含：路侧高清智能摄像头、路段中心自主可控视频网关、省级"混合云+大数据"平台。不仅满足"可视"的联网直播功能，而且满足了高速生产业务所需的"可测、可控、可服务"功能，构建新一代的高速公路运行监测体系。该项目建设采用"云-管-端"的总体架构，"云"是混合云服务，"管"是互联网安全隧道，"端"既包括执行视频推流上云任务的视频上云网关，还可以包括移动视频终端通过运营商网络接入的场景。同一年，山东高速最终选择华为视频云联网网络解决方案，并通过华为工业交换机组成多个环网，用于路侧数据感知和回传。

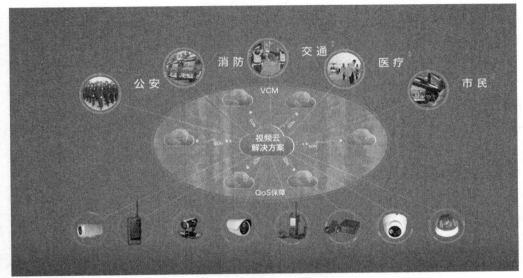

图 1.4　华为视频云联解决方案

目前，大多数车路协同应用示范区均采用了 5G 通信技术。例如，苏州高铁新城自动驾驶测试道路建设 8km 的 5G 测试区，包含长直道、弯曲路、隧道、交通枢纽道路等多样性城市车道环境，实现 5G 超视距透视、信号灯感知与管控、交叉路口防碰提醒等场景。苏州工业园区围绕打造 5G 融合自动驾驶国家级示范区，还开展了测试区及配套 5G 车联网实验室，以及园区智能交通建设。在智慧公路中的 5G 应用上，五峰山、苏锡常南部高速公路、S342 分别进行了 5G 应用试点。

五峰山过江通道公路接线是江苏首条 5G 网络全覆盖的高速公路，在五峰山过江通道及南北公路接线工程实施交通运输基础设施和公共通信基础设施中，同步规划、同步设计、同步施工、同步验收 5G 基础设施，实现全线 5G 公网全覆盖，共同打造全省首个 5G 网络全覆盖的交通基础设施项目。

1.2.3　通信技术发展现状

面向智能化、密集化、复杂异构的车联网通信场景和差异化、高质量的通信服务需求，要实现高容量、高效率的车联网通信，关键在于搭建"车-人-路-云"泛在互联的智能异构车联网网络架构，并在此架构下布局智能车联网关键使能技术[19]。

车联网通信交互模式包含：车与车之间（Vehicle to Vehicle，V2V）、车与路之间（Vehicle to Infrastructure，V2I）、车与人之间（Vehicle to Pedestrian，V2P）、车与网络之间（Vehicle to Network，V2N）的交互。

V2N：用于车辆与固定基础设施之间的互联。V2N 支持车辆与 V2X 管理系统以及 V2X 应用服务器之间的广播和单播通信。这是通过 LTE/5G 和 E-UTRA 实现的。车辆联网，使得车辆能够接收道路事故或计划路线上拥堵警告等路况信息。车辆还可以利用服务器提供的导航、娱乐、防盗等应用功能。

V2V：用于车辆间信息交互。通常车辆之间交互的信息包括车速、位置，从而有助于降低道路拥堵、减少事故。虽然通过 V2N，利用云端或边缘服务器的转接，可以间接实现 V2V，但是由于 V2V 的应用（如碰撞提醒）需要极短的端到端延时，V2N 转接经过的环节太多，延时性能难以得到保证。若所有车辆均支持 V2V 功能，可以预见的是道路通行效率和事故率都将得到改善。V2V 的实现主要有基于 IEEE 802.11p 的 DSRC 和基于 5G D2D（Device to Device）技术。

V2I：车辆可以与道路甚至其他基础设施，如交通灯、路障等通信，获取交通灯信号时序等道路实况信息。

V2P：涉及车辆与行人或紧邻的多个行人之间的直接通信。通常这里所指的行人，包括非机动车。V2P 的通信可以直接进行，也可以通过使用网络基础结构进行。通过向不断接近的车辆/行人发出警告，减少交通对行人的伤害。

V2X 的推广和普及，高级驾驶辅助系统（Advanced Driver Assistance System，ADAS）及自动驾驶系统才能真正发展起来。而标准化是推广和普及的基础。V2X 车联网主要有两个标准：美国主推的 IEEE 802.11p 标准和我国主推的以蜂窝无线通信技术为基础的 Cellular-V2X（C-V2X）技术。

车路协同通信的发展可以分为三个阶段。

第一阶段，如图 1.5 所示，道路数字化程度很低，车和路之间的信息交互很少。在这一阶段，智能车路系统只能进行低精度感知和初级预测，数据之间缺乏融合，信息采集、处理和传输的时延明显。

随着感知、计算、通信技术的发展，车路协同通信进入第二阶段，如图 1.6 所示。在这一阶段，智能车路系统具备复杂传感和深度预测功能，通过与车辆系统之间的双向数据实时共享，可以支持较高时间和空间解析度的驾驶辅助和交通管理功能。

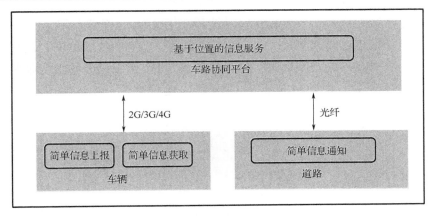

图 1.5　车路协同通信第一阶段

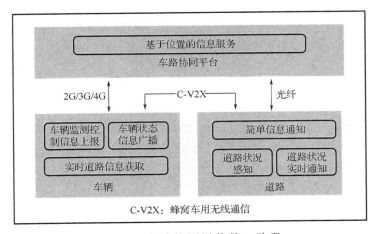

图 1.6　车路协同通信第二阶段

随着路侧融合感知、边缘计算、C-V2X 技术的进一步发展，车路协同通信将进入第三阶段，如图 1.7 所示。在这一阶段，智能车路系统可以为自动驾驶车辆提供全场景下的感知、预测、决策、控制、通信服务，并优化整个交通基础设施网络及车辆的部署和运行。

IEEE 802.11p 是最早支持车路系统的标准之一。在该标准中，着重关注短距离(小于等于 1km)、低延时(2ms)和高可靠性。标准的出发点在于，能够支持每一个 V2X 应用对性能的极端要求。因此在车辆高速移动时，即便是极端恶劣天气情况下，也能提供可靠的性能保障，从而有效扩展车辆视野，保障交通快捷、安全和高效。IEEE 802.11p 是一个由 IEEE 802.11 标准扩充的标准，用以满足智能运输系统应用对通信的要求，包括高速率的车辆之间以及车辆与 5.9GHz(5.85～5.925GHz)波段的标准 ITS 路边基础设施之间的资料数据交换，DSRC 是其核心。IEEE 802.11p 对传统的无线短距离网络技术加以扩展，可以实现对汽车非常有用的功能，包括：更先进的切换机制、移动操作、增强安全、身份认证、对等网络认证等。

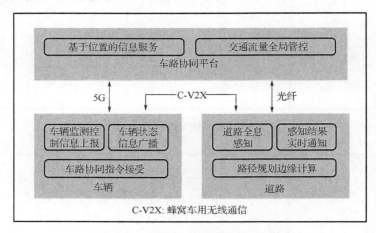

图 1.7　车路协同通信第三阶段

　　C-V2X，如图 1.8 所示，起步于 LTE-R14，通过 LTE-V-D 和 LTE-V-Cell 两大技术支持 V2I、V2V、V2P 等各种应用。随着技术的发展，它又分为 LTE-V2X 和 5G-V2X(全称为 5G NR-V2X)，分别采用 4G 和 5G 蜂窝技术。LTE-V2X 支持向 5G-V2X 的平滑演进。

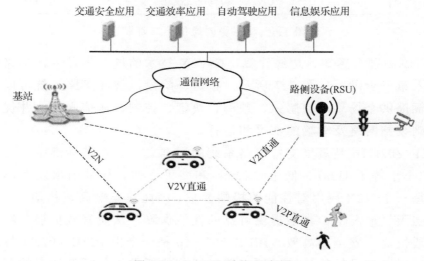

图 1.8　C-V2X 系统示意图

　　5G 汽车协会(5G Automotive Association,5GAA)于 2019 年发布了一份测试对比报告,包含了 C-V2X 及 DSRC 的性能对比,结论表明无论是 LOS(Line-of-Sight)场景,即视距传输场景,还是 NLOS(非视距无线传输)场景,平均分组接收率(average Packet Reception Ratio,PRR)在 90%时,C-V2X 的性能明显优于 DSRC[20]。下面分别给出了不同发射功率 PRR 90%情况下,信号的覆盖范围。测试结果表明,C-V2X 的覆盖距离是 DSRC 的 1.3～2.9 倍,性能提升明显,如表 1.2 和表 1.3 所示。

表 1.2　DSRC 和 C-V2X 覆盖距离对比(有效发射功率 5dBm)

测试工况	可靠性 90%的覆盖距离/m	
	DSRC	C-V2X
视距传输	625	1050
非视距阻挡(5GAA)	250/350	450
非视距阻挡(CAMP)	175/250	550

表 1.3　DSRC 和 C-V2X 覆盖距离对比(有效发射功率 11dBm)

测试工况	可靠性 90%的覆盖距离/m	
	DSRC	C-V2X
视距传输	925	>1350
非视距阻挡(5GAA)	425	625/725
非视距交叉	90/400	600/800
在 UNII-3 中与 80MHz 带宽的 Wi-Fi 共存	550	950
与具有相邻 DSRC 载波的 V2X 与共存	100/325	950

　　DSRC 与 C-V2X 的性能比较如表 1.4 所示。

表 1.4　DSRC 和 C-V2X 性能对比

关键技术指标	DSRC	C-V2X
网络覆盖	有限覆盖	广域覆盖
通信场景	V2V、V2I	V2V、V2I、V2N、V2P
时延	不确定时延	20ms(Rel 14 版本) 10ms(Rel 15 版本)
可靠性	不保障可靠性	>90%(Rel 14 版本) >95%(Rel 15 版本)
峰值速率	6Mbit/s	31Mbit/s
同步	不同步	同步
信道编码	卷积码	Turbo 码

关键技术指标	DSRC	C-V2X
波形	OFDM	SC-FDM
资源复用	仅支持 TDM	支持 TDM 和 FDM
重传	不支持	支持 HARQ 重传
资源分配	CSMA/CA	基于感知的半持续调度
多天线	节点实现	支持发送分集

除了技术参数之外，C-V2X 还具有其他优势：与运营商 4G/5G 网络共用，部署成本低，网络覆盖广，商业运营模式清晰。从终端来说，使用单一 LTE/5G 芯片组，终端成本可控。同时，3GPP 定义了其中的物理层和 MAC 子层，完全重用 DSRC 既有的高层协议规范，用户从 DSRC 迁移到 C-V2X 的成本会相对较低。鉴于此，C-V2X 更具优势。

1.2.4　智能车路系统测评发展趋势

智能车路系统正快速从研发走向工程应用，发达国家都积极开展了各种车路协同技术相关的研究和实验，以期早日投入交通系统中，提升道路安全度和交通通行效率。

在道路试验方面，美国在北加州的一个关键路段开发、演示和部署了一套 VII 测试系统，整个测试路段长约 16km，包括了 82 号加州公路和 101 号美国国道，是美国智能车路系统最重要的一条试验线[21]。

日本智能车路系统的研究重点侧重系统的集成化和人性化，致力于实现道路交通的安全性、畅通性以及减轻环境负荷。代表项目有 SmartWay、AHS 等。在道路试验方面，日本于 2007 年完成了 SmartWay 东京场区公路实验，2009 年3 月，完成大规模测试后，开始在 3 个都市区实施应用 SmartWay 项目[22]。

欧洲相比日本和美国，在通信协议标准上做了很多工作，以保证最大限度地支持各种车载通信设备，并尽可能兼容现有的通信制式。欧洲 ITS 协会和 ETSI 共同完成了用于智能车路系统集成的 CALM(Continuous Air interface for Long and Medium Distance)标准。CALM 支持车车、车路以及路侧设备之间的通信，基本满足了现有通信制式的相互兼容，包括：红外通信、GSM(2G、3G 蜂窝网通信)、DSRC、802.11 系列技术、全球微波互联接入(Worldwide Interoperability for Microwave Access，Wimax)IEEE 802.16e、卫星通信、微波通信(63GHz)和蓝牙通信。

　　我国从 20 世纪 80 年代初开始构建智能交通系统体系框架，并以 ITS 体系框架为指导，运用先进的信息技术、通信技术和计算机技术，在"十五"和"十一五"期间开展了关于汽车安全辅助驾驶、车载导航设备、驾驶人状态识别、车辆运行安全状态监控预警等一系列主题的相关技术研究，但由于部分关键技术尚未解决，系统应用仍受到限制。同时国内高校也开展了一系列车路协同控制技术的研究。清华大学作为最早进行车路协同技术研究的单位之一，从 2008 年起就进行了一系列车路协同试验和仿真，开展了实际交通场景下的车路协同技术应用研究，为实际系统的构建提供了有效支持[23]。同济大学也通过一系列的科研项目，构建了车载移动通信网络系统仿真平台和交叉口交通信息采集、分析处理系统，搭建了基于 WAVE 的车路协同实验系统平台[24]。武汉理工大学智能交通系统研究中心在车路协同项目的基础上，建立了校内车路协同应用平台，在校内路段选取了一个典型的交叉路口和执行路段，并安装了可变信息板、信号灯等路边设备，搭建了基于车路协同系统的实验平台[25]。

　　2018 年 11 月，工业和信息化部印发了《车联网（智能车路系统）直连通信使用 5905～5925MHz 频段管理规定（暂行）》，规划了 5905～5925MHz 频段共 20MHz 带宽的专用频率资源，用于 V2X 智能车路系统的直连通信技术。并且随着 5G 的到来，将 C-V2X 与 5G 技术相结合，可实现网络的无缝覆盖，从而实现"车–路–云"之间的多维高速信息传输[26]。

　　目前，智能车路系统的演示竞相出现，预示着智能车路系统的蓬勃发展，与之相匹配的测评系统也日益受到重视。建立相应的测评体系，适配已有测评技术，研究新型测评方法，落地专用测评系统，这些迫切需要与智能车路系统自身一同发展，也是本书关注的重点。

参 考 文 献

[1] 安向京，常文森. 面向二十一世纪的自动驾驶汽车与自动化公路. 科学, 1999, (6): 46-50.

[2] 李斌，王春燕，吴涛，等. 中国智能公路磁诱导技术研究进展. 公路交通科技, 2004, 21(11): 66-69.

[3] 王笑京，蔡华，宋向辉，等. 电子收费系统技术与工程应用. 北京: 人民交通出版社, 2006.

[4] Dethe S N, Shevatkar V S, Bijwe R P. Google driverless car. International Journal of Scientific Research in Science, Engineering and Technology, 2011, 21(2): 2394-4099.

[5] Maurer M, Behringer R, Furst S, et al. A compact vision system for road vehicle guidance//Proceedings of 13th IEEE International Conference on Pattern Recognition, 1996, (3): 313-317.

[6] Vituccio R, Cho J, Tsai T Y, et al. Creating compelling virtual reality and interactive content for higher education: a case study with carnegie mellon university//ACM SIGGRAPH 2018 Educator's Forum, 2018: 1-2.

[7] Dagan E, Mano O, Stein G P, et al. Forward collision warning with a single camera//IEEE Intelligent Vehicles Symposium, 2004: 37-42.

[8] Stein G P, Rushinek E, Hayun G, et al. A computer vision system on a chip: a case study from the automotive domain//The IEEE Computer Society Conference on Computer Vision and Pattern Recognition, 2005: 130.

[9] 李华, 丁冬花, 贺克忠. THMR-V 导航控制算法的研究. 机器人, 2001, 23(6): 525-530.

[10] 李克强, 郭磊, 王建强, 等. 基于 THASV-IⅡ 的横向主动安全系统//第二届中国智能交通年会论文集, 2006: 257-262.

[11] 史美萍, 彭晓军, 贺汉根. 全虚拟智能车辆自主导航仿真系统的研究与实现. 系统仿真学报, 2004, 16(8): 1721-1724.

[12] Sayer J, Leblanc D, Bogard S, et al. Integrated vehicle-based safety systems field operational test final program report. Ann Arbor: University of Michigan, 2011.

[13] Maile M, Zaid F A, Caminiti L, et al. Cooperative intersection collision avoidance system limited to stop sign and traffic signal violations (CICAS-V). Washington DC: U. S. Department of Transportation, 2008.

[14] Brignolo R. The SAFESPOT integrated project. Vienna: European Commission, 2006.

[15] European Commision. Prevent: final report. Brussels: European Commission, 2008.

[16] Dailey J. Improved positioning for fleet management and traveler information. Transportation Northwest Report, 2008.

[17] Yasushi S. ITS radio systems in Japan//The 2nd ETSI TC ITS Workshop, 2010.

[18] 李群祖, 夏清国, 巴明春, 等. 城市交通信号控制系统现状与发展. 科学技术与工程, 2009, (24): 7436-7442.

[19] 张海霞, 李腆腆, 李东阳, 等. 基于车辆行为分析的智能车联网关键技术研究. 电子

与信息学报, 2020, 42(1): 36-49.

[20] 吴玮. 美国车路协同系统和智能交通. 全球科技经济瞭望, 2012, 27(11): 19-21.

[21] 张心睿, 赵祥模, 王润民, 等. 基于封闭测试场的 DSRC 与 LTE-V 通信性能测试研究. 汽车技术, 2020, (9): 14-20.

[22] Fujimoto A, Sakai K, Ogawa M, et al. Toward realization of smartway in Japan//The 15th World Congress on Intelligent Transport Systems and ITS America's 2008 Annual Meeting, 2008.

[23] 王祺, 胡坚明, 慕春棣, 等. 一种车路协同系统微观仿真平台的实现. 公路交通科技, 2011, 28(4): 7.

[24] 李鹏凯, 吴伟, 杜荣华, 等. 车路协同环境下多车协同车速引导建模与仿真. 交通信息与安全, 2013, (2): 7.

[25] 陈超, 吕植勇, 付姗姗, 等. 国内外车路协同系统发展现状综述. 交通信息与安全, 2011, 29(1): 102-105.

[26] 刘琪, 洪高风, 邱佳慧, 等. 基于 5G 的车联网体系架构及其应用研究. 移动通信, 2019, 43(11): 8.

第 2 章　智能车路系统测评构架

自动驾驶技术的快速发展使得功能完备性成为考核的焦点；无线通信技术、云技术的大量引入，也必须以能够确保信息安全为前提；另外，随着信息量的增加，车载系统也越来越复杂，必须保证这些系统的可靠性，功能安全要求也因此大大提升。针对智能车路系统的这些需求，对应的测试与评价方法、工具也在不断被引入。智能车路系统作为目前 ITS 研究中的热点，是多个物理特性不相同的分系统相互作用、联系紧密的大型复杂系统，涉及的各技术指标错综复杂，很难对其进行客观、准确的评估，在评价体系的建立上也缺乏统一的标准。

搭建一个合理的功能测试和科学的评价体系，是建立有效安全的"人-车-路"一体化智能车路系统的必要前提，能够起到检测系统功能实现、对系统性能进行反馈的作用，同时还能通过评价来针对性地优化系统。智能车路系统的测试和研究不但可以用于典型车路协同功能的集成应用，还有利于我国智能车路系统的发展与推广，对于提高道路交通安全和交通效率及实现道路交通系统的可持续性发展都有重要意义。

对于智能车路系统的评价体系，若评价对象不同，其对应的评价影响因素也不尽相同；若评价对象类似、评价的角度不同，选取的评价指标也会有差别。因此在选取评价方法时首先要明确评价对象的特点，选取合适的评价角度，再建立一个有效的评价体系。对于一个复杂系统的评价来说，单一指标必然不能概括描述系统的各个方面,此时便需要建立多指标体系进行评价，将评价的各个影响因素进行分类整理，这样才能从整体上反映评价对象，这就是多指标综合评价方法。目前已有的通信系统测试、车辆测试以及智能车测试具有一定的借鉴意义。

2.1　传统测评方法

2.1.1　传统通信系统测试

2.1.1.1　DSRC 无线通信测试技术

专用短距离通信的开发和应用可以帮助减少车辆碰撞。DSRC 由物理层标准 IEEE 802.11p 又称为 WAVE（Wireless Access in Vehicular Environment）及网络层标准 IEEE 1609 所构成，在此基础之上，美国汽车工程师协会规范 V2V 与 V2I 信息的内容与结构，欧洲相关标准由 ETSI CT-ITS 所规范。IEEE 802.11p 由 IEEE 802.11 标准扩充，专门应用于车用环境的无线通信技术，支持 915MHz 与 5.9GHz。

美国国家公路交通安全管理局已对 DSRC 安全性进行了测试和评估，结果发现，DSRC 在跟随车辆的情况下对 250m 范围内的两辆车辆之间提供了有效的通信，而在交叉路口的情况下性能稍差，在 300m 处成功接收消息的概率约为 90%。

目前，已有 DSRC 相关的测试平台对潜在碰撞检测的前瞻性、碰撞缓解策略之间的关系、与驾驶员互动的最佳警告和缓解机制进行测试，通过分析计时事件及其警告来描述碰撞的关系，定义预警区域、避免碰撞的首选时间和关键时间，帮助定义事件。"长安大学车联网与智能汽车试验场"构建了静态条件下车路视距与非视距通信、动态条件下车路视距与非视距通信等多种实际交通中经常出现的应用场景，基于 DSRC 主要性能参数，即时延和丢包率对车辆进行测试，实验结果表明通信距离和遮蔽物是影响 DSRC 通信性能的主要因素[1]。

一种基于 IEEE 802.11p 协议的 VANETs 通信场景如图 2.1 所示，利用符合 VANETs 环境的 Nakagami-m 模型描述无线信道衰落，同时利用泊松过程描述网络中的通信流量，然后基于 Veins 仿真平台构建了仿真测试环境，以端到端延迟、丢包率、吞吐量等三种参数为评价标准，分别从 beacon 的传输频率、车流密度、车辆速度三方面仿真研究网络因素和移动性因素对于 IEEE 802.11p 协议性能的影响[2]。

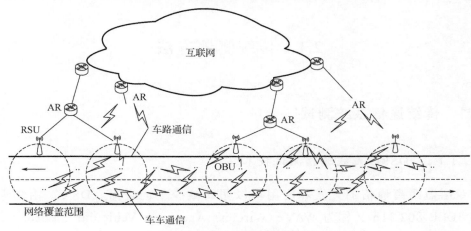

图 2.1　VANETs 通信场景

对于传统汽车测试来说，封闭测试场可以有效控制行人、车辆等干扰，具有更高的安全性；集成多种测试场景以及设备可以使测试具有多样性和拓展性。因此，封闭测试场具备在各项极限条件下安全地完成多种车辆性能测试的能力，是车联网和智能汽车测试的理想场地。

2.1.1.2　远距离无线通信技术

GSM 数字蜂窝移动通信系统目前在我国使用 900MHz 和 1800MHz 两个频段。上下行频率间隔分别为 45MHz 和 95MHz[3]。它采用 TDMA 多址方式及 0.3GMSK 调制方式。对于 GSM 移动台的测试方法和指标有如下标准：

（1）YD/T884-1996《900MHz TDMA 数字蜂窝移动通信网移动台设备技术指标及测试方法》。

（2）ETSI TS 151 010-1V4.7.0（2002-02）Digital cellular telecommunications system（Phase 2+）；Mobile Station（MS）conformance specification；Part 1：Conformance specification（3GPP TS 51.010-1 version 4.7.0 Release 4）。

其中发射部分的指标如下。

（1）相位误差和频率误差。

相位误差和频率误差指测得的实际频率、相位对于理论期望的频率、相位之差。移动台频率误差应该小于 0.1ppm，均方根相位误差应小于 5，峰值相位误差应小于 20。可以使用系统模拟器或 GSM 移动台综合测试仪，呼叫移动台并建立连接，进入频率误差和相位误差测试子菜单，进行测试并记录结果。

(2)多径和干扰条件下的频率误差。

主要是测试移动台在多普勒频移、多径接收和干扰条件下的载频频率偏差。可以使用系统模拟器或 GSM 移动台综合测试仪，并连接信道模拟器，呼叫移动台并建立连接，进入频率误差和相位误差测试子菜单，进行测试并记录结果。

2.1.2　传统车辆测试

2.1.2.1　整车试验

整车试验内容主要分为性能测试和可靠性测试。汽车整车性能试验是为了测定汽车的基本性能而进行的试验，主要进行整车动力性、经济性、制动试验、操稳试验、噪声试验、平顺性试验等几大项以及整车冷却性能试验、三高(高温、高压、高寒)等小项试验。可靠性试验主要是考核整车零部件寿命，提高产品的质量，主要在试验场及场外路面进行。

其中性能试验主要包括以下这些试验。

(1)动力性能试验。

主要是对三个常用的动力性能指标，即汽车的最高车速、加速和爬坡性能进行实际试验。最高车速试验的目的是测定汽车所能达到的最高车速。加速试验一般包括起步到给定车速、高速挡或次高速挡，以及从给定初速加速到给定车速两项试验内容。爬坡试验包括最大爬坡度与爬长坡两项试验。

(2)燃料经济性试验。

通常用道路试验或汽车测功器(亦即转鼓试验台)试验，后者能控制大部分的使用因素，重复性好，能模拟实际行驶的复杂情况，能采用各种测量油耗的方法，还能同时测量废气排放。

(3)制动性能试验。

汽车制动性能的优劣直接关系到汽车行驶的安全性，常进行制动距离试验、制动效能试验、热衰退和恢复试验、浸水后制动效能衰退和恢复试验等。

(4)操纵稳定性试验。

该试验类型比较多，如用转弯制动试验评价汽车在弯道行驶制动时的行驶方向稳定性；用蛇形行驶试验来评价汽车转向时的随从性、收敛性、转向力大小、侧倾程度和避免事故的能力；用路面不平度敏感性试验来检查汽车高速行驶时承受路面干扰而保持直线行驶的能力；用汽车稳态回转试验确定汽车稳态转向特性等。

（5）平顺性试验。

平顺性主要是根据乘坐者的舒适程度来评价的，所以又称为乘坐舒适性，其评价方法通常根据人体对震动的生理感受和货物保持的完整程度确定。典型的试验有汽车平顺性随机输入行驶试验和汽车平顺性单脉冲输入行驶试验，前者用以测定汽车在随机不平的路面上行驶时，其震动对乘员或货物的影响；后者用以评价汽车行驶中遇到大的凸起物或凹坑冲击震动时的平顺性。

（6）通过性试验。

一般在汽车试验场和专用路段上进行。

（7）安全性试验。

该试验项目很多，特别是碰撞安全试验。试验方法可以进行实车撞车试验，也可以进行模拟试验或撞车模拟计算。在撞车试验中需用人体模型进行试验。当进行车内装置（如安全带、座椅、方向盘、仪表板等）抗冲撞能力试验时，可用撞车模拟装置进行，模拟以一定初速运动的汽车撞击固定壁后部件的减速度特性，从而研究冲击能量的吸收情况。

整车试验的方法主要有纯软件仿真试验、硬件在环测试、台架试验以及道路试验。

（1）纯软件仿真试验。

纯软件仿真试验是根据车辆动力学模型，建立车辆系统模型、制动系统模型、轮胎模型、电控单元（Electrical Control Unit，ECU）控制逻辑等一系列模型，通过 MATLAB/Simulink 或 ADAMS 等仿真软件进行的仿真试验。

（2）硬件在环测试。

硬件在环测试作为一种整车测试方法，贯穿于汽车研发的各个阶段。硬件在环仿真测试又称为半实物仿真，将部分实物硬件接入仿真系统，使仿真系统更逼近真实系统。主要以 dSPACE 实时处理器运行 ASM 软件来模拟受控对象的运行状态，通过 I/O 接口与被测的 VCU 连接，对 VCU 实现全面、系统的测试[4,5]。

（3）台架检测。

室内台架检测方法相比室外试验，具有占地面积小、安全性高、检测速度快、重复性强、检测过程不受环境影响等诸多优点。汽车 ABS 室内试验台检测方法可以实现轴重测量、常规制动性能检测、ABS 性能检测和速度表校验[6,7]。

(4)汽车道路试验。

汽车道路试验最接近汽车的实际使用状态,是汽车性能评价最直接的方式。在整车完成一系列性能试验后,为了评判车辆和发动机管理系统的工作情况,并保证车辆在极端苛刻、严格的环境中能够正常可靠地运行,需进行高温、高原和高寒标定试验(三高标定试验)[8]。

2.1.2.2　零部件试验

汽车系统包括底盘、发动机、车身以及电气等,其零部件组成烦琐复杂,而且各个零部件的标准又不同,因此需要对其进行分离才能够提高检测的准确度[9]。

(1)测功机及其辅助测试系统。

测功机辅助测试系统主要是为了测试发动机的运转情况。在实际测试过程中要充分考虑到它们的使用特性,因此这种试验方法对相关工作人员的技术水平有较高的要求。目前主要的测功机有水力测功机、电涡流测动机、电力测功机。

(2)试验台测试。

试验台测试又分为机械转动试验台和惯性式试验台。机械转动试验台主要针对变速机、变动器这些会直接影响到机械转动试验台的工作效率的零部件,在对其进行测试时,需要营造一个封闭的测试系统,以确保整体测试水平的稳定性和准确性。惯性式试验台包括离合惯性试验台和变速器换挡器结构试验台,它的技术要点主要是使这些离合器的零部件处于分离状态。零部件疲劳试验台架作为测试设备,可以实现静态力、动态力、静态扭矩、动态扭矩等各项参数的测量[10]。

(3)零部件仿真试验。

近年来,随着科学技术尤其是高科技产品的快速发展,汽车零部件分析试验技术得到了很大的提高。现在汽车研发流程中主要将仿真试验相结合,减少试验次数降低成本,提高仿真精度。例如,利用有限元软件可以进行不同厚度汽车外板承受不同条件静载荷变形过程的模拟,联合动力学模型得出载荷与有限元分析结果,可以实现疲劳寿命的仿真[11]。

2.1.3　智能车辆测试

随着智能车辆信息量的增加,车载系统越来越复杂,为了保证这些系统的可靠性，功能安全要求也因此大大提升。针对智能汽车的这些需求，对应的测试与评价方法、工具被不断地引入汽车领域。

对于智能汽车及车载装备，通常在传统车辆测试的基础上，对其智能化功能进行测评，以下列举的是智能汽车常见的几种测评方法及其关注点。

(1) 符合性测评。

符合性测评多指标准符合性测评。标准符合性测评是依据一个标准的描述对标准的某个实现进行测试，判别一个标准的实现与所对应的标准描述是否相一致。根据符合性测试的结果可以评价该实现是否符合既定的目标。若由结果认定目标没有实现，则须对标准符合性测试的对象进行修正改进。标准符合性测评是用于测量产品的功能和性能指标与相关国家标准或行业标准所规定的功能和性能指标之间符合程度的活动。有别于一般的测评，标准符合性测评的依据和规程一定是国家标准或行业标准，而不是实验室自定义的或其他的、非正式的相关规范要求。

(2) 比对测评。

比对测评是为了比较各种汽车的性能而进行的测试与评价活动。一般来说，需要选取两个或两个以上的对象，选取一个变量作为测评的物理量，需要在其他条件一致或基本相同的前提下进行。比对测评最重要的目标是通过对两个或两个以上对象的对比结果进行分析，获得或探究某种因素与对象之间的关系，并将其作为某种选择或决定的依据。为了检验和评估所开发的或自动代码生成的控制器代码与所设计逻辑的一致程度，往往需要通过比对测评的方式，测量代码模块与设计控制器模型在不同设定输入条件下的输出结果，并根据一定的差异许可范围评价所获得的控制器代码是否实现了设计的功能。

(3) 研发测评。

研发测评是为了改进汽车性能和产品开发而进行的测试与评价活动。为了适应市场对汽车性能、功能的多样化要求，研发阶段的测试与评价涉及范围非常广，为了适应新技术还需要不断地制定新的测试与评价方法。研发测评最重要的目标是在最初阶段就把相应的质量问题或安全问题考虑进去，以便可以直接把研发设计阶段的成果作为生产的模板，如此不但有利于缩短研发时间，而且有利于降低研发成本。值得注意的是，研发测评不仅仅是为了证明产品能够实现既定功能，还要尽可能多地发现产品中的错误和缺陷，因此，对于研发测评来说，最重要的是保障有效性、客观性和完整性。

智能车辆的测试技术一般采用仿真测试和实车道路测试两种。

2.1.3.1　仿真测试技术

仿真软件具有成本低、可重复、安全高效的特点，因此被广泛应用于交通流诱导和车辆安全控制等方面。根据不同的仿真需求可选用不同的仿真软件。CORSIM、SimTraffic 等仿真软件主要用于微观交通仿真，CORFLO、KRONOS 等主要用于中观或者宏观交通仿真。

（1）模型在环仿真。

利用 ADMAS 仿真软件建立汽车子系统模型，基于子系统模型搭建整车仿真平台，可以进行不同路面的汽车系统动力学仿真，实现了汽车质心振动加速度、悬架动挠度、轮胎动载荷、汽车俯仰角加速度、侧倾角加速度等参数的观测[12]。根据 SIMPACK 仿真得出的变摩擦减振器摩擦系数、旁承压缩量等的变化对轨道工程车临界速度的影响，可以预测和测试车辆的稳定性、平稳性、安全性的动力学指标[13]。

（2）硬件在环仿真。

硬件在环仿真是一种将系统的硬件嵌入到仿真系统中，用实际的系统硬件代替建立模型，而系统的其他部分则可以用数学模型来实现的测试方法，有效避免直接建立一些复杂的、时变的、非线性的模型。例如，利用 xPC Target 实时仿真系统和驾驶模拟器信号的调理器，可以搭建驾驶模拟器的智能车灯硬件在环测试系统硬件平台，对智能车灯系统的算法可行性和软硬件进行验证[14]。

（3）交通仿真。

智能交通仿真通常是采用开源或者商业的交通仿真软件进行仿真，可根据车辆控制方法直接改变车辆的行为。其以汽车驾驶中行驶速度和车距这两个重要安全因素为基础，提出了以安全行驶为核心的安全行驶动态仿真模型和时间表达方法[15]。

（4）电磁干扰仿真。

整车电磁兼容（Electro Magnetic Compatibility，EMC）测试是检测汽车电磁兼容性是否合格的最终手段。EMC 仿真技术能够高效、快速地对电磁兼容方案进行模拟测试、检验对比，可明显缩短产品的研发周期，节省研发成本，是解决汽车 EMC 问题的重要手段[16,17]。

2.1.3.2　实车道路测试技术

作为汽车研发和验证的一环,智能车路系统的道路测试逐步在全国各个省市开展。相对于其他测试方法,实车道路测试具有可控性高、保真度高、可复制性强、可重复性高的优点。

2018 年 8 月,中国智能车路系统产业创新联盟、全国汽车标准化技术委员会智能车路系统分技术委员会,组织编制了《智能联网汽车自动驾驶功能测试规程》,确定了 14 个检测项目(9 个必测,5 个选测)拟定的 34 个场景(20 个必测场景,14 个选测场景),如表 2.1 所示。

表 2.1　自动驾驶功能检测项目及测试场景

序号	检测项目	测试场景
1	交通标志和标线的识别及响应	限速标志识别及响应
		停车让行标志标线识别及相应
		车道线识别及响应
		人行横道线识别及响应
2	交通信号灯的识别及响应	机动车信号灯识别及响应
		对向车辆借道本车车道行驶识别及响应
3	前方车辆(含对向车辆)行驶状态的识别及响应	车辆驶入识别及响应
		对向车辆借道本车车道行驶识别及响应
4	障碍物的识别及响应	障碍物测试
		误作用测试
5	行人和非机动车的识别及响应	行人横穿马路
		行人沿道路行走
		两轮车横穿马路
		两轮车沿道路骑行
6	跟车行驶(包括停车和起步)	稳定跟车行驶
		停-走功能
7	靠路边停车	靠路边应急停车
		最右车道内靠边停车
8	超车	超车
9	并道行驶	临近车道无车并道
		临近车道有车并道
		前方车辆减少
10	交叉路口通行	直行车辆冲突通行
		右转车辆冲突通行
		左转车辆冲突通行

序号	检测项目	测试场景
11	环形路口通行	环形路口通行
12	自动紧急制动	前方静止
		前方制动
		行人横穿
13	人工操作接管	人工操作接管
14	联网通信	长直路段车车通信
		长直路段车路通信
		十字交叉口车车通信
		编队行驶测试

2.2 智能车路系统测评体系构架

搭建一个合理的功能测试平台并创建科学的评价体系，是建立有效安全的"人、车、路"一体化智能车路系统的必要前提。智能车路系统的测评系统不仅能够检测系统功能的实现情况，对系统性能进行反馈，同时还能通过评价体系进行有针对性的系统优化。研究适应中国国情的车路协同测评技术，将加快典型车路协同功能的集成应用，有利于我国智能车路系统产品的发展与推广，对于提高道路交通安全、交通效率以及实现道路交通系统的可持续性发展都具有重要意义[18]。鉴于此，无论是国内还是国外，在近十年都加快了车路协同测评体系研发的步伐[19]。

测评智能车路系统中的通信功能，可以参考传统通信方式的测评方法，但需要结合特殊的应用场景，对通信的关键性能开展测评。

智能车路系统中的汽车，由于既要满足安全、节能的社会要求，又要满足高性能、舒适性、个性化、长寿命等多样化的用户要求，同时，随着无线通信技术、云技术的大量引入，还必须以能够确保信息安全为前提，所以，汽车测试方法的主要内容不仅包括以传感器为核心的测量原理、测量方法、测量工具及数据处理等，还发展出将被测对象置于模拟运行状态的在环测试方法。传统的汽车测试着重于考核车辆单体功能及性能，可以使用物理、机械手段进行逐一评价，测试场景可以分开设置，能形成有代表性的典型测试方法，评测指标针对单个测试项目，容易量化和直接比较。而作为智能车路系统中一个关键环节的智能汽车，系统连续感知、决策和执行，场景是连续变化的，对应的测试场景无法连续组合和复现，算法、软件在实际功能和性能中占据主导因素，所以传统的评测手段已经无法有效覆盖智能车路系统的新特征。

对于智能车路系统中的路侧单元而言，智能化的路侧设备本身就是为适应智能车路系统的发展而研发，对智能路侧单元的测评是智能车路系统测评中的关键环节之一。

智能车路系统包含"人-车-路-环境"等多种复杂要素，参与目标多、耦合性强，对此，本书提出面向智能车路系统的"V型"测评体系架构，如图 2.2 所示。

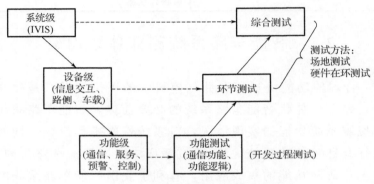

图 2.2　IVIS 测评体系架构

首先通过解析 IVIS 的物理构成和逻辑关系，将 IVIS 解耦为系统、设备、功能三个层级。系统级是指智能化的车与路协同服务的复杂系统。设备级是指 IVIS 系统中所包含的设备，可以分解为信息交互设备、路侧设备和车载设备。功能级是指 IVIS 系统中各设备所能够实现的功能，可以分解为通信功能、服务功能、预警功能、控制功能等。通过分析多层级主体的测试需求，可以确定各层级的测评目标，支撑形成完备、可信的 IVIS 测评体系架构。

针对功能级开展的功能测试，包括通信底层性能测试、信息安全、功能逻辑测试等，大多为开发过程的测试，已经在公司开发过程中完成，故不在本书的讨论范围内。

针对设备级，除了传统的电磁兼容 EMC、电气性能、机壳防护等测试以外，对信息交互设备、路侧设备和车载设备进行功能和性能的环节测试，是 IVIS 设备级测评的重点。

针对系统级，需要开展综合测试，与智能车辆的测试相比，IVIS 测试中的目标更多（包括车辆目标、路侧目标、背景目标等）、场景更复杂（需要考虑信号遮挡、恶劣天气等因素），因此对测试设备的要求也更高。

硬件在环测试和场地测试是进行环节测试和综合测试的典型常用方法，两种方法都可以结合具体场景对 IVIS 的功能、性能开展第三方定量测评。

硬件在环测试构建仿真的测试场景，可以加速测试过程，并可针对危险极限工况开展测评。本书将在第 3 章对 IVIS 的硬件在环测评技术及方法展开详细描述。

场地测试构建真实的测评场景，结合 IVIS 的具体功能项开展测试，实现对 IVIS 系统功能和性能的精准测评，需要测评设备具备多目标全局时空统一、通信接口能力测试、车辆运行/控制状态高精度估计等功能，这部分将在本书第 4 章详细阐述。第 5 章对 IVIS 场地测试的具体方法进行介绍，包括场景构建方法、典型 IVIS 功能测评方案及案例等。

参 考 文 献

[1] 刘丁贝，张心睿，王润民，等. 封闭测试场条件下基于 DSRC 的车联网通信性能测试. 汽车工程学报，2020, 10(3): 180-187.

[2] 王润民，刘丁贝，胡锦超. 基于 Veins 的 IEEE 802.11p 性能仿真分析. 计算机技术与发展，2018, 28(12): 29-33.

[3] 尹虎. GSM 移动台的主要射频技术指标和测试方法. 中国无线电管理，2003, (11): 47-49, 69.

[4] 余莹莹，李韧，王法龙，等. 基于硬件在环的纯电动客车整车控制系统功能测试. 客车技术与研究，2020, 42(4): 5-9.

[5] 薛剑. 整车制动硬件在环测试系统研究. 杭州：中国计量学院，2015.

[6] 郝茹茹. 汽车 ABS 整车台架检测方法与试验研究. 西安：长安大学，2013.

[7] 任成龙，辛江慧. 汽车悬架结构优化及整车制动性试验. 机械设计与制造，2020, (3): 170-173.

[8] 任志伟. 整车三高标定试验. 汽车工程师，2016, (5): 55-58.

[9] 张仁君. 汽车零部件试验检测方法探究. 福建质量管理，2020, (12): 188.

[10] 刘松. 浅析汽车零部件疲劳试验. 丝路视野，2018, (22): 165-166.

[11] 孙剑. 基于仿真与试验的汽车零部件强度性能分析与评价. 合肥：合肥工业大学，2018.

[12] 肖平，周陆俊，梁利东，等. 基于 ADMAS 的车辆工程专业教学中汽车动力学仿真实验方法研究. 科技风，2020，(1)：43-44.

[13] 杨茜茜. 基于 SIMPACK 的轨道工程车辆动力学仿真及优化分析. 铁道机车车辆，2020，40(6)：49-52.

[14] Gruyer D, Grapinet M, Souza P D. Modeling and validation of a new generic virtual optical sensor for ADAS prototyping//IEEE Intelligent Vehicles Symposium, 2012: 969-974.

[15] 柴毅，孙跃，黄席樾，等. 车辆安全行驶动态仿真模型及应用研究. 系统仿真学报，2003，15(6)：869-872.

[16] 蔡骏，王旭东. 车载电子信息系统电磁兼容性试验方法. 指挥信息系统与技术，2014，5(2)：83-87.

[17] 宋春丽，陈娟，陈铁柱. HXD1D 型交流传动客运电力机车制动柜电磁干扰的试验研究. 技术与市场，2018，25(7)：62-64.

[18] 王云鹏. 车路协同系统关键技术与发展趋势. http://www.itschina.org/article.asp?articleid=1566, 2011.

[19] Yasushi S. ITS radio systems in Japan//The 2nd ETSI TC ITS Workshop, 2010.

第 3 章　智能车路系统硬件在环测评技术及方法

　　硬件在环（Hardware in the Loop，HIL）仿真测试已成为汽车研发中不可或缺的步骤，在汽车电子控制实时仿真技术领域已得到广泛关注和应用[1]。硬件在环测试也被称为半实物仿真，将车辆系统中的全部或部分零部件用建立的数学模型来代替，控制器部分采用真实的控制器，用真实的控制器控制虚拟的零部件，实现对控制器的闭环测试，不仅可以缩短相关零部件的开发周期，还能大大缩减开发过程中的成本。

　　自动驾驶汽车硬件在环测试是在有了丰富的交通场景库、准确的传感器仿真模型和车辆动力学仿真模型后，通过自建仿真平台对自动驾驶系统算法进行测试验证。随着自动驾驶的兴起，自动驾驶的功能安全性、功能可靠性验证以及如何符合严苛的国际标准 ISO 26262 的要求，成为系统从研发到产业化的主要阻碍，相对于社会和客户对于自动驾驶功能安全性的极高要求，摆在各大车企面前的是上亿公里的道路测试需求。如何加速和简化这一测试验证流程成为各大车企产业化自动驾驶技术的主要挑战。在这些前提和市场需要下，不管是传统的仿真软件还是新兴的仿真平台，都逐渐推出了 XiL（X in the Loop，X 代表任何参与到开发过程的测试类型）的概念，该技术通过对自动驾驶硬件模型化、自动驾驶环境数字化、自动驾驶场景参数化等手段，使自动驾驶系统的虚拟测试验证成为可能[2]。结合现代强大的现实虚拟还原技术，绝大多数自动驾驶系统测试可以被搬到计算机虚拟世界中加速进行，从而节省了海量验证测试的时间和测试构建成本。

　　搭建智能车路系统仿真加速测试系统，为智能车路系统的快速开发和测试验证提供了有效的方法。利用该系统，可以覆盖智能车路系统从研发到实车测试期间的一系列测试，包括感知层测试、决策层测试、执行层测试以及人机交互和人机界面的测试，加快了智能车路系统研发的速度，更节省了许多场地测试和道路测试的成本，对智能车路系统的量产起到了推进作用。本章首先介绍面向智能车路系统的硬件在环测评系统架构，然后介绍硬件在环测评中相应的软件部分开发，最后结合高速场景和交叉路口场景的案例对硬件在环测试进行验证分析。

3.1 面向智能车路系统的硬件在环测评技术

3.1.1 硬件在环测评系统结构

硬件在环测评系统结构图如图 3.1 所示，主要包含硬件在环测评控制器、测评场景生成软件、测评操作界面、计算模块、信道模拟器、GNSS 模拟器、接口模块（以太网、RS232、RS485 等）、雷达暗箱和供电模块等，下面介绍各部分的功能。

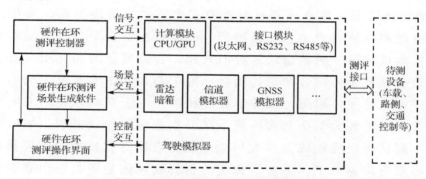

图 3.1 硬件在环测评系统结构图

（1）硬件在环测评控制器：发出测评指令，控制测评对象。

（2）硬件在环测评场景生成软件：生成硬件在环仿真场景，并可以和模拟传感器互联互通，将仿真场景的特性通过模拟传感器体现出来。

（3）测评操作界面：也被称为上位机软件、试验管理软件，其与实时计算模块通信，提供可视化操作和观测界面，进行设备硬件、软件和测试任务的管理。

（4）计算模块：支持异构计算，可由 CPU、GPU、NPU 等多种类型芯片构成。高性能实时计算模块用来运行仿真模型以及处理 I/O 通信、数据记录等各项 HIL 测试中的任务。

（5）接口模块：数据接口在逻辑上应支持接入多种类型的智能车路系统中的交通检测器、应支持控制多种路侧交通设施。物理接口应支持光口、RJ45

网络通信接口(至少一个兼容 PoE 供电)、可支持 RS232 接口、USB 接口等接口。

(6)雷达暗箱:用于模拟毫米波雷达探测到的目标。

(7)信道模拟器:通过设置模拟环境和信道模型,结合城市、高速等环节因素;移动轨迹、运动模型等行为因素;信道类型、通信制式等通信因素;进行信号建模,模拟信号的变化,支持实验室测试环境因素对信号的影响。

(8)GNSS 模拟器:具有北斗等卫星定位功能,用于智能车路系统设备定位和授时。

(9)驾驶模拟器:用于仿真场景中车辆的控制信号输入。

上述硬件在环测评系统的工作流程如下:首先,硬件在环测评控制器向测评场景生成软件发出指令;接着,测评场景软件生成所需的测评场景,包括人、车、路、环境等模型;然后,由实时计算模块读取测评场景模型参数,通过接口模块提供的以太网、RS232、RS485、IO 等测评接口,接入智能车路系统中的待测评设备,如车载 ECU、路侧传感器、交通控制设备等;最后,待测评设备状态更新后,由实时计算模块读取并返回至测评场景生成软件,更新测评场景,并通过硬件在环测评操作界面将测试场景直观地表现出来。整个测评过程中数据信号形成了一个闭环。

硬件在环测试系统的研制是实施并行工程、实现同步开发最重要的一项措施。上述硬件在环测评系统架构能较好地解决下述问题。

(1)在同步开发工程中,解决开发初期缺乏控制对象和原型车情况下的控制器测试。

(2)完成实际中无法进行或费用昂贵的测试,方便地进行精确的极限测试、失效测试和各种故障的重现,使测试更加全面、完整。

(3)模拟危险情况而不产生实际的危险,且测试可以被重复和自动进行。

(4)控制策略的优化、各参量相互间可能的影响、参数变化的敏感性等的确认可以既快又省地进行验证,冲突的目标可以被早期发现并协调。

(5)开发过程中的重复与更改可以被最大限度地避免,由于模拟仿真已验证了各种运行状态和功能,避免了绝大多数设计中的错误,使开发风险大大减少。

(6)硬件与试验的费用将被减少到最低,研究的时间与开发的费用大为节省。

3.1.2   部分核心组件

3.1.2.1   GNSS 模拟器

全球导航卫星系统（Global Navigation Satellite System，GNSS）是能为所有空间和地球用户提供导航定位服务的卫星导航系统，包括美国 GPS、俄罗斯的格洛纳斯（GLONASS）、欧盟的伽利略（GALILEO）以及中国的北斗（COMPASS）卫星导航系统。

当前，GNSS 的应用越来越广泛，几乎涉及人们生活的各个方面。尤其以 GPS 为代表的卫星导航应用产品，能非常精确而且很容易地提供位置、时间和速度等信息，成为现代信息社会重要信息来源，以及信息时代的国家基础设施必不可少的一部分。除了定位系统本身的发展之外，作为其产业标志的终端产品的应用发展也呈现出快速增长的趋势，主要包括卫星导航信号模拟器和卫星导航定位接收机。其中，卫星导航信号模拟器作为一种必要的测试设备，其成功研制及所能达到的精度在接收机的开发过程中扮演着至关重要的角色，为卫星导航接收机提供测试仿真环境，如图 3.2 所示。

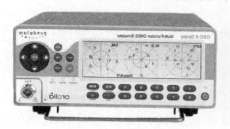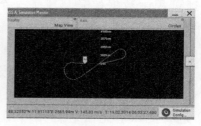

图 3.2   GNSS 信号模拟器设备及实时显示的模拟轨迹

从 GNSS 卫星信号模拟器的实现方式上来说，可以分为两种模拟器。一种是由纯软件方式实现的。主要是通过计算机设置用户配置参数，然后生成仿真的数字信号，并将其存在本地计算机硬盘中，最后利用接收机读取数据进行验证。另一种是由软件与硬件结合的方式实现的。软件部分利用计算机根据目标载体的运动状态以及环境设置参数，把相应控制参数以数据帧的格式送入硬件模块，硬件模块一般由 FPGA 或 FPGA+DSP 来产生相应的中频信号，最后通过射频模块调制产生相应的卫星导航信号，可通过电缆线送入高性能接收机进行验证。

　　这两种实现方式是目前主流的设计方式，各有利弊。对于纯软件方式来说，系统设计结构比较直观，参数修改方便，但由于计算机硬件技术限制，不能实时产生卫星导航仿真信号。而软件与硬件结合的实现方式，可长时间地实时产生卫星信号，有利于接收机的测试，具有更好的实用意义。但是其设计较为复杂，并且大量的硬件损耗导致其产生信号的精确度不如前者。

　　目前市场上有很多商业模拟器，也有一些科研单位或高校自主研发的模拟器。

　　国外对于模拟器的研究起步较早，目前已研制出多种高性能 GNSS 模拟器并且投入使用。例如，英国著名的 Spirent 通信公司研发的 STR 和 GSS 模拟器，欧洲航空防务及航天公司 EADS 的 NSG 5100，德国 IFEN 公司的 NavX-NCS 产品线，美国斯坦福电信公司研制的 STEL-9200、Welnavigate 公司研发的 GS100、GS600、GS1010 系列以及 CAST 公司研发的 1000、2000、4000 系列卫星信号模拟器。这些模拟器的结构多采用计算机加独立仪器机箱，或计算机加插卡板的形式，具有交互式的图形界面，允许用户对仿真中所用的各种参数进行设置和修改，有的模拟器还能专门模拟各种环境和人为的干扰信号。经过几代更新升级，商用模拟器功能日臻完善，Spirent 公司的 GSS 系列模拟器通过 SimGEM for Windows 软件平台可以快速方便地定义各种环境；控制仿真参数（包括卫星轨道定义、载体动态、天线和多径模型、各种误差模型）；存储和分析数据；推算和修改导航电文等[3]。

　　国内对于模拟器的研究起步较晚，基础较为薄弱，技术相对国外没有那么成熟。由于卫星信号模拟器技术敏感，国外对于模拟器的核心技术都严格保密，就算从国外进口模拟器也会受到严格限制。国内早期对于模拟器的研究集中在几所高校以及科研院所，包括国防科技大学、北京航空航天大学以及航天科技集团 503 研究所，并且研究的主要目的是教学，所研制的模拟器功能也比较简单。国防科技大学先后研制完成了 GNS8000 系列卫星导航信号模拟源产品，主要有双频式卫星信号模拟器 GNS8220、多星座卫星信号模拟器 GNS8330、多体制卫星信号模拟器 GNS8440、多载体卫星信号模拟器 GNS8450、多波束卫星信号模拟器 GNS8460、多输出卫星信号模拟器 GNS8470 等，能够模拟生成 GPS、GLONASS、北斗、GALILEO 等目前在轨运行的所有卫星导航系统信号，同时在多体制、多载体、多波束、多输出等信号仿真测试产品方面形成了特色优势[4]。北京航空航天大学从 2011 年开始，在国家自然科学基金、国家 863 计划资助支持下成功地自主研发了 GPS

卫星信号模拟器，并在此基础上成功研制了一台 GNSS 多系统卫星导航信号模拟器，能够实现 GPS（L1 频点）、北斗（B1/B2/B3 频点）、GALILEO（E1 频点）多种信号体制的信号模拟仿真，具有非常好的参考价值和实用意义，同时也为我国在国防尖端领域拓展 GNSS 应用，发展具有我国自主知识产权的卫星导航系统奠定了坚实基础[5]。航天科技集团 503 研究所也较早地自主研发了 CSG 北斗卫星导航信号模拟器系列产品。它能够为 GNSS 的开发和总装集成提供诸多便利，包括对 GNSS 系统运行环境完全控制，可重复测试，可以仿真使用实际卫星信号测试无法进行实验的系统误差和突发事件等。除了上述之外，国内也有一些公司成功研制了卫星导航信号模拟器，主要有华力创通的 HWA-RNSS-6100、7100、7300，还有东方联星公司的 NS600/NS601、NS700、NS800。由于基础薄弱，国内的卫星导航信号模拟器研究还不够成熟，高性能的 GNSS 模拟器基本都被国外垄断。随着我国卫星导航事业的发展，相信不久就会有我国自主研发的成熟的高性能的 GNSS 信号模拟器。

3.1.2.2　信道模拟器

真实世界的无线信道的相关性可能导致输入输出系统 MIMO（Multi Input Multi Output）结构性能的显著下降，射频信道环境影响（如多径衰落）的准确性和可重复的实验室特性对于可靠测试系统的一致性和互操作性至关重要。信道模拟器可以在实验室内构建一个良好近似真实的无线射频信道效果来用于无线设备和网络基础设施的端到端性能测试。其硬件设备如图 3.3 所示。

图 3.3　信道模拟器硬件设备

信道模拟器可以实现典型的小尺度衰落和大尺度衰落等仿真。小尺度衰落包括角度扩展、时延、多普勒频移等信道特性；大尺度衰落包括路径引起的传播衰落和受到地面障碍物引起的阴影衰落。一般信道模拟仪可以调整的信道参数包括幅度、时延、多普勒、多径、角度、极化等。

待测的接收机和发射机分别被连接到信道模拟器，信道模拟器模拟出一个无线传播环境代替真实的无线射频信道，典型应用包括不同天线阵列系统、移动网络、MIMO 系统和定位应用。信道模拟器主要由射频部分和数字部分组成，射频部分的宽带接收机接收来自基站的射频信号，下变频解调至基带数字信号，基带部分利用 DSP 技术实现多径衰落等信道传播效果。在执行完基带算法后，发射机将经过数模转换后的基带信号变频至射频信号发射出去供移动终端测试。信道模拟器的射频前端通过提供一个衰落模块来代替基站与终端之间的真实无线信道，射频前端主要包括宽带射频接收机、宽带射频发射机和宽带频率源。

信道模拟器弥补了测量仪器在无线信道仿真领域的缺失，借助信道模拟器，研发人员在实验室开发阶段就可以发现产品潜在的问题，使 MIMO 系统符合运营商定义的性能要求和行业规范，为运营和维护收集数据。

信道模拟器的正常运行需要两个软件配合完成[6]。

Massive MIMO 信道仿真软件：主控信道模拟器、参数配置、校准管理、编辑拓扑网络、端口射频特性调节、远程控制、状态监控等。

GSCM：通过对实际场景的逼真建模生成信道系数文件，Massive MIMO 信道仿真软件负责把信道冲击响应导入到信道模拟器中。

对于各种无线信道模型的建模方法主要有两类：统计模型和几何模型。

统计模型方法是针对信道传输特性选择典型情况对信号传输过程进行统计测量，将统计参数得到的统计量拟合出相应公式作为信道传播模型。

几何模型是通过研究信号在无线信道的传输特点，采用几何模拟得到的信道模型。2G/3G/4G/5G 在星地、深空、短波等不同的场景有不同的信道模型，即使同一种场景，不同的组织也会给出不同的描述公式。

目前大部分的信道模拟仪已经集成了大量标准信道模型，也在持续不断添加中，包括：3GPP TR38.901（针对 5G）、TR36.873（针对 4G）、CDL、WINNER、SCME、UMi、UMa models。

(1) 概率统计建模-SISO。

统计建模的 SISO 信道模型如图 3.4 所示，通过定义不同的衰落因子，可以定义不同的无线信道多普勒谱特征。衰落因子发生包括如下三个步骤。

① 衰落信道多普勒谱密度发生：生成相应衰落信道多普勒谱密度。

②高斯随机化：对多普勒谱密度实现 IQ 两路相互独立的高斯随机化。

③将随机化的复数多普勒谱密度逆傅里叶变换成时域衰落因子。生成瑞利、莱斯、Nakagami、平坦、圆拱、高斯、Jakes、Watson、巴特沃兹等的多普勒谱密度。

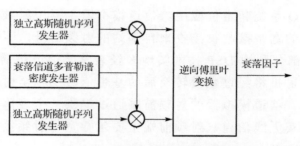

图 3.4　概率统计建模-SISO

(2)概率统计建模-MIMO。

统计建模的 MIMO 信道模型如图 3.5 所示，其是通过相关矩阵实现的。

①生成单天线的信道冲击响应。

②根据多天线的个数生成相关矩阵（参考 3GPP-36521 协议）。

③单天线信道系数与相关矩阵运算，生成 MIMO 信道冲击响应。

④统一格式的信道冲击响应下载到信道仿真仪中实现实时无线信道仿真。

图 3.5　概率统计建模-MIMO

(3)几何信道建模。

几何信道模型建立的流程如图 3.6 所示，整个仿真流程由四部分组成：仿真场景几何参数定义、大尺度参数生成、小尺度参数生成以及信道系数生成。

智能车路系统通信技术是智能车路系统的关键核心技术，决定着智能车路系统的整体性能，其中最重要的就是对智能车路系统传播信道的研究。只有有了可靠的传播信道知识，才能有效、及时地设计并测试智能车路系统通信系统。

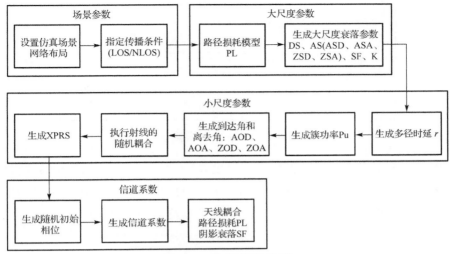

图 3.6　几何信道建模

外场的智能车路系统实际测试耗费较大的人力、物力和财力且不能完全复现测试的场景，在无线信道模拟器中实现智能车路系统的信道建模与测试是一种在 5G 基站与终端测试厂家证明可行且已经大量使用的方式。

目前智能车路系统并没有标准的信道模型，统计建模中的 EPA 可以作为简化模型进行简单测试。各个厂商偏向于使用大尺度衰落分场景去测试车辆在网络中的性能。

ITU 和 3GPP 两个国际标准组织提出的主体信道建模方法都是基于几何的随机型信道建模。V2V 采用 UMi 信道模型，V2I 采用 EVA 信道模型。

3.1.2.3　雷达暗箱

雷达暗箱由目标模拟器及示波器、频谱分析仪等组成，可模拟测速、测角、测距等功能。

(1)测速。

原理：多普勒效应。物体反射波的频率因为波源与物体间的相对运动而产生变化，反之，通过改变回波的频率可以模拟相对于雷达以不同的速度运动的物体，如图 3.7 所示。

(2)测角度。

原理：机械运动与目标侦测结合，如图 3.8 所示。

步骤 1：校正初始位置，默认雷达正对 RTS 接收天线，那么需要开启雷达角度侦测持续观察，调整 RTS 接收天线的位置使得雷达测得角度为 0。

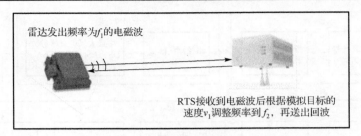

图 3.7　测速原理示意图

步骤 2：转动架设雷达的转台，假设转动角度为 θ，保持 RTS 接收天线位置不动，那么此时雷达侦测到的对应目标的方位角应该是 θ（或者 $-\theta$）。

步骤 3：在俯仰和偏航方向，重复步骤 2 测试不同的角度。

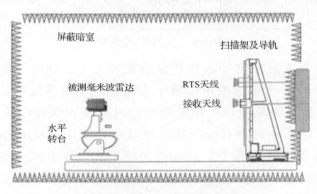

图 3.8　测角度原理示意图

（3）测距。

原理：飞行时间。利用电磁波在空间传播的距离和时间的关系 $S=vt$ 来实现目标距离的模拟，如图 3.9 所示。

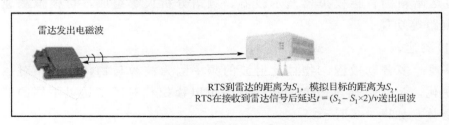

图 3.9　测距原理示意图

3.1.2.4　控制器

控制器可以是车辆 CAN 总线控制信号，也可以是外接的驾驶模拟器。例如，罗技 G29 驾驶模拟器，如图 3.10 所示，包含带双马达力反馈的方向盘、带有油门/制动/离合器的可调式踏板以及换挡杆；方向盘采用霍尔效应式转向传感器，旋转角度达 900°，并具有过热保护和自校准功能；通过 USB 供电及输出控制信号，包括方向盘旋转角度、踏板的油门/制动/离合器、档位、力反馈使能等控制信号。该模拟器已经适配 Prescan、Unity3D 等软件。

图 3.10　罗技 G29 控制器的方向盘和踏板

3.2　面向智能车路系统的硬件在环测评方法

3.2.1　智能车路系统硬件在环测评要素构建

硬件在环测评主要包含四个步骤：①建立场景；②建模传感器；③建模控制算法；④实验仿真。

所构建的场景一般包含人、车、路、环境四个要素，这四个要素相互耦合、协同，因此需要在硬件在环测评软件中分别建立人、车、路、环境等的模型。

3.2.1.1　行人模型

行人模型一般包括静态行人模型和动态行人模型。

静态行人模型应包括男性、女性和小孩等，同时可以设置躺着、扶着和坐着等多种的姿势。动态行人模型是在静态行人模型的基础上，基于现实生活中的动作捕捉测量的自然步行和跑步的动作，预先设置行人的一条或者多条行驶轨迹，即可构成动态行人模型。

3.2.1.2　车辆模型及传感器模型

第三方仿真测试软件如 CarSim、veDYNA、dSPACE 等已经具备了较为完善的车辆模型，如可以直接调用，可以简化车辆模型的设计过程。一般采用车辆动力学二维模型，包含三自由度的两轮模型——x 方向、y 方向、横摆角；可扩展计算 z 方向、俯仰角、侧倾角。该模型适用于二维道路测试场景，即平坦道路。

车辆动力学三维模型包含六自由度的弹性车身——x 方向、y 方向、z 方向、侧倾角、俯仰角、横摆角。该模型适用于三维道路测试场景，即适用于测试评价场景为有坡度的道路。

更为复杂的车辆模型包括：①底盘（含轮胎）模型，即对车辆质量、制动压力、前后轮侧偏刚度、尺寸等进行建模；②传动系统模型，即对变速器、齿轮、档位等部分进行建模；③引擎模型，即对发送机转速与扭矩之间的关系进行建模；④其他参数，包括车辆的材料（如金属漆）、主动光源参数（位置、方向、颜色、光源强度）等。

硬件在环仿真中的传感器模型一般包含三类。

第一类：理想传感器，包括了理论研究需要的传感器。这些传感器有些已经存在，如 GPS、OBU 等；有些不存在，但是通过现有技术可以做到，比如无衰减的车联网通信。表 3.1 列举了部分理想传感器的功能及输出信号。

表 3.1　理想传感器功能及输出信号

名称	功能	输出信号
自车/GPS 接收器	自带的 GPS 传感器输出本车最精确的 GPS 位置信息	自身位置、方向、坐标、速度、航向角、横摆角速度
执行器信息接收器	快速、简单、通用的目标检测	相对距离、水平角度、竖直角度、目标绝对距离、航向角、目标 ID
DSRC 的发送器/接收器	执行器和目标之间的信息交换	位置和方位角、传输频道、端口名称、传输距离、检测的目标数
信标/车载单元	DSRC 的发送器/接收器	位置和方位角、视野角度、距离、端口名

DSRC 是一种应用广泛的专用短程通信技术。ETC系统采用 DSRC 技术建立与 RSU 之间的微波通信链路[7]，在车辆行进途中进行车辆身份识别、电子扣费，实现不停车、免取卡，帮助建立无人值守车辆通道。在高速公路收费口或者车场管理中，都有采用 DSRC 技术实现不停车快速车道。智能车路系统中的通信传感之一就是使用 DSRC 通信，部分仿真软件已经构建了 DSRC

模拟模块，在仿真场景中根据特定的 DSRC 通信协议进行数据交换。

　　第二类：真实传感器。这是真实世界中存在的传感器，有传感建模，考虑了现实世界中传感信息的损失或噪声——比如雷达考虑了路径发散衰减、大气衰减和目标反射衰减，相机考虑了畸变、光照等因素。真实传感器包含现在市场已经存在的传感器类型，所得到的传感数据是三种类型传感器中最接近实车试验的，可以用于构建更加真实的仿真环境，支持智能驾驶算法鲁棒性的验证，为实车试验提供很大帮助。

　　硬件在环仿真系统中的传感器都具有相似性，可以近似看成发射出特定的波，当波遇到目标物体，部分能量被反射回到接收器，接收器分析反射波。真实传感器主要包含以下几种，如表 3.2 所示。

表 3.2　真实传感器功能及输出信号

名称	功能	输出信号
毫米波雷达	支持能量散射图、能模拟对环境的衰减	位置、方位、扫描方式、扫描位置、带宽等
激光雷达	对环境的衰减与波长有关	位置、视野角度、波束数、扫描频率、工作波长等
超声波雷达	基于高频声波的收发器	位置、能量散射、工作频率、检测距离等
普通相机	支持目标检测、分割等	方位、单目/双目、分辨率、帧频率等
鱼眼相机	支持视野范围可调	方位、单目/双目、视野范围、分辨率、帧频率

　　第三类：真值传感器，是提供真值的传感器。真值传感器理论上并不存在，但是通过真实传感器和传感处理算法可以得到真值传感器的结果，因此可以用于传感器的精确调校。真值传感器主要是视觉传感器，包括利用视觉检测目标、障碍物距离、车道线、分类等；为智能驾驶中检测或识别算法的开发提供真值。真值主要包含以下几种，如表 3.3 所示。

表 3.3　真值传感器功能及输出信号

名称	功能	输出信号
深度相机	为双目摄像头调校提供真实数据	位置/方位角、检测范围、帧率、分辨率等
车道线检测器	提供精准的车道线标志信息	车道线绝对位置、扫描中心线位置等
目标检测器	为车辆提供检测的目标信息	目标 ID、目标类型

3.2.1.3　道路模型

　　道路模型是智能车路系统测试与评价的核心要素之一。一般道路模型包括直道、弯道、十字交叉口、Y 型交叉口、环形路口、合流区、分流区等，部分道路类型如图 3.11 所示。其中,弯曲路段的每一个定义点处的切线和曲率都应该是能够调整的。

图 3.11　道路模型

除了 2D 道路以外,设置 3D 道路可以提供更加真实的硬件在环仿真场景。3D 道路即对道路的斜坡部分进行设置,每个斜坡都有一个预先设定的角度,侧倾部分的角度将会依据斜坡的高度和长度而改变,在仿真场景中会显示出道路的渐变。

此外,根据智能车路系统的要求,道路及配套附属设施还可以进行智能化设计,包括智能感知设施(摄像头、毫米波雷达、激光雷达等)、路侧通信设施(直连无线通信设施、蜂窝移动通信设施)、计算控制设施(边缘计算节点、MEC 或各级云平台)、高精度地图与辅助定位设施、电力功能等配套附属设备。

3.2.1.4　环境

环境模型包括黑夜、雨、雪、雾和季节模型等,如图 3.12 所示。一般还可以进行相关参数的设置,包括下降速度(雨、雪)、密度(雨、雪)、雨滴尺寸(雨、雪)、颜色(雨、雪、雾)、能见度(雾)等。

（a）黑夜测试场景　　　　　　　　　　　　（b）正常测试场景

(c) 大雨测试场景

(d) 大雪测试场景

(e) 大雾测试场景

图 3.12　测试场景环境示意

3.2.2　联合仿真测试方法

硬件在环测试场景构建完成后，一般采用与 MATLAB/Simulink 联动的方式开展仿真测试，测评算法由 MATLAB/Simulink 实现[8]。一种可行的硬件在环仿真测试架构如图 3.13 所示，仿真场景提供测试传感器数据，MATLAB/Simulink 和第三方车辆建模软件提供车辆动力学模型并控制车辆运动。

为更好地说明上述硬件在环仿真测评流程，下面以创建一个针对车路通信设备测评的仿真测评实验为例，构建硬件在环仿真测评的步骤。

步骤 1：创建仿真场景中的人、车、路、环要素。

步骤 2：创建仿真场景与外部车路通信设备的通信接口以及数据联动函数。

步骤 3：编写测评算法，如测试车路通信硬件发出的信号接收情况。

步骤 4：执行、解析、建立硬件在环测试。

步骤 5：监测车路通信设备及其他仿真传感器的输出情况。

步骤 6：硬件在环测试的修改及更新。

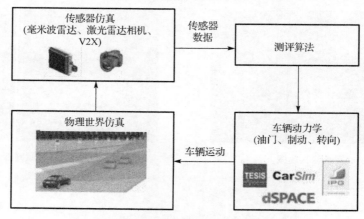

图 3.13　仿真测试架构

3.3　硬件在环测评案例

　　由硬件在环测评系统结构图可知，仿真场景中所设置的车辆模型支持外接方向盘、挡位杆和制动踏板等驾驶员操作部件，当接入驾驶员操作部件后，可构成驾驶员在环仿真测试与评价系统，测试智能车路系统中与驾驶员相关的功能。当连接 NI、dSPACE、vector 等硬件时，又可以构成硬件在环仿真测试与评价系统。以基于 DSRC 的车路通信测试与评价为例，DSRC 硬件在环虚拟仿真测试平台主要包含：二维/三维虚拟交通场景、DSRC 通信设备、GNSS 定位信号仿真设备、测试用协议栈及配置软件、消息层/网络层/安全层等行业标准要求，由 MATLAB/Simulink 对所涉及的软硬件提供统一的接口。下面具体解析高速公路和交叉口两种典型测试场景中 V2X 仿真测试案例。

3.3.1　面向高速公路场景的硬件在环测评案例

　　测试目标：该硬件在环测试演示了在遇到高风险情况（如道路施工区域）时，如何使用车路通信 V2I 防止碰撞/交通拥堵。它涉及提前引起驾驶员对道路施工情况的注意，以便驾驶员可以走其他路线安全到达目的地。道路信息是通过其他交通参与者（如交通标志等）进行传输的，这些参与者使用 V2I 传感器与车辆进行通信。使用基于 V2I 的无线电传播模型，还能模拟道路工程区域内多个发送方和接收方（道路用户）带来的通信拥塞效应。

测试场景：交通场景是典型的高速公路，周围环境包括植被和远处的建筑物。车辆接近正在道路施工的拥挤区域。道路基础设施、交通标识、道路工程等信息以 V2I 的形式向车辆发送，提醒驾驶员提前做好准备。道路使用者也传递其位置和状态，导致通信阻塞。该场景假设了接近理想的视线条件，测试消息的传递速度和接收距离、通信车辆/基础设施之间的通信拥塞等的影响。

传播模型：本实验选择了基于物理的双路径模型，以便能够模拟高速公路上的多个发送方和接收方（模拟通信拥塞）。双路径模型考虑了在路面上的单反射，这将产生直接信号和反射信号之间的正或负干扰，导致模拟信号除了对自由空间模型中距离的二次依赖性之外，还有衰减的波动。

预警消息类型：V2I 提供了许多带有预定义消息内容的消息类型，符合 DSRC 标准。分散环境通知消息用于道路工程警告应用程序，其中道路服务警告消息由服务车辆生成，用于传达事件的位置、速度限制、封闭车道的数量等消息。道路使用者使用合作意识消息传达其 GPS 位置、车速等消息。

路侧预警控制器：该场景代表典型的 V2I 用例，其中主车与环境互动并根据环境条件做出决策。车辆配备有接收器和发射器天线模块，路侧交通设施（路标、交通信号灯）具有传输功能。控制器的目的是提醒驾驶员可能发生的危险道路事件，例如，道路施工和违反交通规则等事件。V2I 交通参数包括 ID、事件类型、事件的位置（经度、维度、高度）、限速、车道状态等。

测试结果：如果路侧控制器发出预警，则显示交通标志并发出视觉警告，如图 3.14 所示。根据从基础设施收到的消息向驾驶员发出预警，并向驾驶员显示发动机转速、速度、最大制动百分比等车辆信息。

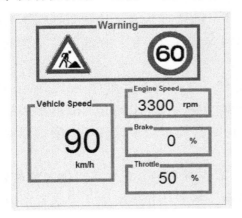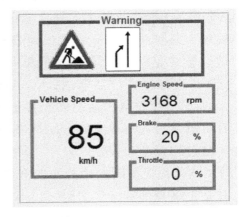

图 3.14　路侧预警测试结果

测试结果：黄色表示基于 V2I 通信计算的实际预警信号。可以看到，预警信号不是恒定的而是随机波动的，如图 3.15 所示。消息接收速率取决于通信对象之间的距离、环境引入的噪声和通信拥堵情况等。因此，接收到的消息与发送的消息不完全一致，并且消息传递速率在靠近流量拥塞最大的位置处更差。

图 3.15　路侧预警信号强度（纵坐标 1 表示接收到预警信号，
0 表示没有接收到预警信号）（见彩图）

3.3.2　面向交叉路口场景的硬件在环测评案例

测试目标：该硬件在环测试演示了在低能见度条件下的十字路口，如何使用车车通信 V2V 防止碰撞。它涉及根据驾驶员的驾驶意图以及经 V2V 传感器传输的其他交通参与者的状态来测试驾驶员的注意力情况，使用 MATLAB Stateflow 评估驾驶员意图，以计算是否应向驾驶员发出预警。

测试场景：该场景是在低能见度条件下，有车辆驶入的交叉路口。车辆使用 V2V 消息传输其预期的转向意图。场景的特点是有建筑物阻挡两车驾驶员的视线。如图 3.16 所示，从发射器车辆到接收器车辆，视线条件不是最佳的，这会影响 V2V 消息的传输效果。

交叉口碰撞预警控制器：每辆车都分配了三个驾驶意图（向左转、向右转、直行）。基于目标车辆的意图和相关感兴趣车辆的意图，计算驶近的感兴趣车辆是否将越过目标车辆的路径。当驶近的感兴趣车辆越过目标车辆的预定路径时，将发出预警信息。

测试结果：根据示例中的转向意图，即目标车辆直行、感兴趣车辆右转，因此有发生碰撞的危险。如图 3.17 中显示了警告，并指出了危险来自的方向（目标车辆的左方）。

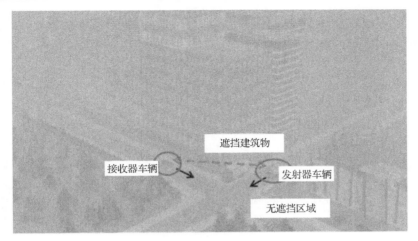

图 3.16　低能见度条件下交叉口仿真测试场景

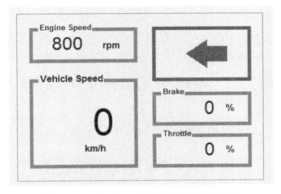

图 3.17　交叉口碰撞预警测试结果

　　预警信号结果；黄色表示有 V2V 通信消息，紫色信号代表危险情况的时间段。可以注意到，警告信号不是恒定的，而是随机波动的，如图 3.18 所示。这是因为通信车辆之间处于非视距状态，存在信号丢失等干扰。因此，发送的信号并不总是等于接收的信号。

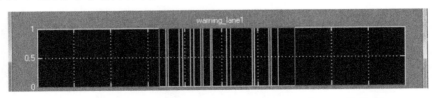

图 3.18　碰撞危险预警信号(纵坐标 1 表示接收到预警信号，
0 表示没有接收到预警信号)(见彩图)

硬件在环测试中，在危险情况发生时，将计算预警成功率。测试中成功率的定义如下

$$成功率 = \frac{接收预警信号次数}{危险次数} \times 100\%$$

参 考 文 献

[1] 孙德明, 刘全周, 晏江华, 等. 基于硬件在环的整车控制器功能安全测试技术研究. 国外电子测量技术, 2019, 38 (12): 53-57.

[2] Tibba G, Malz C, Stoermer C, et al. Testing automotive embedded systems under X-in-the-loop setups// IEEE/ACM International Conference on Computer-aided Design, 2017.

[3] GSS9000 系列 GNSS 模拟器. https://www.spirent.cn/products/gnss-simulator-gss9000, 2020.

[4] 郭瑶, 吴文启, 罗兵, 等. 基于 GNSS 模拟器的加速度辅助跟踪实验验证. 仪器仪表学报, 2012, (5): 1019-1027.

[5] 张硕, 寇艳红. GNSS 模拟器中频调制卡设计与实现. 北京航空航天大学学报, 2009, (5): 5.

[6] KSW-WNS02/02B 无线信道模拟器（无线信道仿真仪）. http://www.kswtech. com/Products/wuxianxindao/22. html, 2020.

[7] Visser A, Yakali H H, Oud M, et al. A hierarchical view on modeling the reliability of a DSRC link for ETC applications. IEEE Transactions on Intelligent Transportation Systems, 1999, 3(2): 120-129.

[8] 陈子轩, 马万经, 郝若辰, 等. 面向智能网联车的硬件在环仿真平台//第十三届中国智能交通年会大会论文集, 2018.

第4章 智能车路系统场地测评关键技术

考虑到时间与成本的问题，仿真测试简化了真实场景，所以很难保证在仿真程序中能够安全运行的系统可以胜任真实环境。尽管技术上可以构建完美还原现实场景的仿真测试场景，但需要耗费相当多的时间与金钱，这与仿真测试节约时间的初衷相悖，因此在仿真测试中只能用一个不太"真实"的环境来进行测试。例如，在现实环境中的一棵树在仿真环境里可能会被一个类似的轮廓所替代，甚至有可能只被表现为一个长方形物体，现实中的很多细节可能会在仿真环境中被忽略。这也是为什么很多公司虽然已经具备相当强的仿真测试能力，但依然还要进行大量真实路测，这些公司都希望能通过真实路测与仿真测试相互促进，加快技术推向市场的速度。

因此，有理由相信，基于封闭测试场构建各种实际道路场景，进行智能车路系统试验验证是智能车路系统上线的必经的有效途径。一方面，可以在可控的风险条件下对智能车路系统进行最接近实际道路环境的实车试验，充分发现和调试虚拟仿真测试的物理环境下智能车路系统运行过程中产生的各种技术问题，确定路侧单元和车辆实际可靠运行的道路环境条件；另一方面，通过封闭场地试验，试验员可以亲自使用测试路侧单元和车辆，熟悉测试路侧单元和车辆的运行方式、操作习惯、试验方式和紧急情况下的响应方法，以便能在公共道路测试时应对自如。

当前国内外在智能车路技术研究上有了很大进展，但智能车路系统能否在实际中应用，某种程度上仍取决于大量的场地测试和场景验证。在封闭测试场地内对智能车路系统进行充分的技术试验和安全性测试评价，是保障智能车路系统开展开放环境测试的前提，也是国内外智能车路系统测试的通行做法。因此，经过长期大量的封闭测试才能完成智能车路系统技术的基础准备工作。管理部门有责任制定相应的封闭场地建设、测试的标准规范，鼓励行业相关机构建立合作关系，引导智能车路系统行业健康发展。

针对智能车路系统参与目标多、功能衍生性强的特点，需要建立全局时空统一的坐标系，实现交通多目标协同测量，从而获取全面、精准的基础参数信息，支持多种智能车载功能、智能路侧功能与智能交通控制功能的关键性能指标的测评。其中的关键技术点包括：多传感精确同步采集技术、多目标全局空间统一技术、信息交互测评技术、测评目标位置距离测量技术、音视频预警信息监测技术、测评目标运动状态测量技术、车辆控制状态测量技术等。

4.1　多传感精确同步采集技术

智能车路系统测评中需要用到多种不同传感器，包括 GNSS、IMU、摄像头、麦克风、激光雷达等，还需要将各传感器数据源的信息，如点云、位置、姿态等综合应用。这些信息源自不同时间基准的部件和系统，为保证有效处理多传感器数据，在移动载体实时运行过程中，必须利用统一时间基准同步控制各个传感器的数据采集，否则不同的传感器间的信息很难建立有效的关联，无法转换到统一基准下，各类信息将以孤岛形式存在，无法有效结合各个传感器的优势，不能进行有效的操作和管理。与此同时，智能车路系统测评结果分析利用的也是同步采集的多传感器高精度原始数据，实时地对数据进行融合与计算。因此，智能车路系统测评的准确性和有效性更多地取决于数据采集的同步精度和采集精度。

当前，时间同步的解决办法主要有以下两种。

毫秒级同步：多采用 NTP 服务的方式[1]，一般服务器和电脑就是这么同步的。

纳秒级同步：多采用统一时钟源的方式，而统一时钟源中，又多用 GNSS 时间对齐（或者可以直接用 GNSS 接收机对齐时间）[2]。

NTP 服务毫米级的同步精度难以满足智能车路系统测评的需求，需要考虑采用统一时钟源的方式将测评所需的各传感器信息时间轴统一到 GNSS 时间。

在采用统一时钟源的方式中，一般有三种不同类型的传感器：①有支持同步接口的传感器，如 Velodyne、IMU 设备等；②支持外部触发的传感器，如摄像头等；③其他传感器。

4.1.1　有同步接口的传感器同步采集

部分传感器自身集成了 GNSS 通信接口，可以接收组合导航中 GNSS 的 PPS 秒脉冲和对应的 NMEA 数据实现自我授时，如美国 Velodyne LiDAR 公司生产的激光雷达，该公司生产的 16 线雷达的型号为 VLP-16，授时原理如图 4.1 所示。

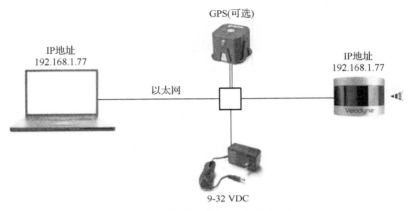

图 4.1　激光雷达授时原理图

激光雷达的授时接收装置如图 4.2 所示，它提供接口，可以同时接收组合导航中 GNSS 的 PPS 秒脉冲和对应的 NMEA 数据。GNSS 提供的 PPS 脉冲和 GPRMC 时间是一种长时间的精准时钟，PPS 脉冲来自原子钟，精度一般可以达到 10ns，它对同步控制器来说相当于一个真值校准。因为 PPS 脉冲是一秒触发一次，只能保证这一秒是准确的，对应 GPRMC 时间的绝对整秒时刻。但是激光雷达的输出频率都大于 1Hz，一般为 10Hz 或者 20Hz。每一个数据都要有一个时间戳，因此为了保证每个传感器打上的时间戳的精度可以达到 μs 级，就需要系统内部建立一套自己的精确的时钟，这套时钟满足短时间高精度。举个例子，假设内部时钟在 1s 的误差是 x，那么在 n 秒之后，如果没有 GNSS 的校准，误差就是 nx；如果有 GNSS 的校准，最大误差不超过 x，即没有累积误差。

图 4.2　激光雷达 GNSS 授时接收装置

4.1.2　支持外部触发的传感器同步采集

一般为了更好地进行环境识别，很多智能车路系统都会增加摄像头作为视觉传感器，该传感器不具有同步授时的接口，但可以进行触发采集，如美国 FLIR 公司的工业相机。外部脉冲触发响应可达到 60 帧以上。表 4.1 为相机主要的参数列表。

表 4.1　相机参数表

性能参数	
相机类型	彩色
数据接口	网口
电源供电	12V
有效像素	200 万
采集模式	连续性/软触发/硬触发

为了实现最高精度最短延时的同步控制，系统常选用采集模式的外部硬触发模式，通过 FPGA 产生一定频率的方波信号作为触发脉冲，触发相机采集图像。该设计以 FPGA 为主控芯片，利用高稳石英晶体为同步控制系统提供工作时钟，高稳石英晶体的输出时钟信号被 FPGA 中的锁相环捕捉，FPGA 将对信号进行累加作为系统的参考时钟，同时抓捕 GNSS 输出的 PPS 脉冲信号上升沿作为绝对整秒的开始。世界时间中标准整秒时刻是 GNSS 发送的 PPS 秒脉冲的上升沿，FPGA 通过对秒脉冲上升沿的抓捕来校正系统当前的秒计时，并根据 GNSS 发送的 NMEA 数据解析出其中包含的 UTC 时间信息，建立高精度的时间基准。具体过程如图 4.3 所示。

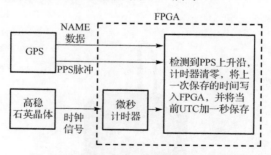

图 4.3　高精度时间基准建立与同步

同时，为了实现对相机的循环触发控制，人们通过 FPGA 对高精度晶振的周期信号进行计数，来产生一定频率的方波信号，实现对相机的触发采集。如希望相机的采集频率为 20Hz，高精度晶振为 50MHz，则计数值为 $(1/20)/(1/50000000)=2500000$，FPGA 计数达到该值后即对输出的电压值进行取反，可以实现 20Hz 的方波信号输出。同时根据上述得到的 UTC 时间为每一次的触发附上时间标签，FPGA 产生的触发信号的示意图如图 4.4 所示，触发信号接入到相机的外部触发接口，可以实现单帧图像的触发采集。

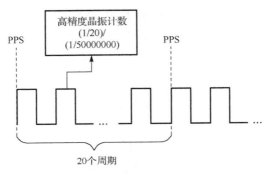

图 4.4　FPGA 产生同步触发信号

使用 FPGA 进行传感器同步触发采集方案在提高同步精度的方面有如下优势。

(1)FPGA 是一种以并行运算为主的通过硬件描述语言来实现的现场可编程逻辑门阵列，它是一种区别于 ASIC(专用集成电路)的半定制电路，相比较而言不仅大大缩短设计周期，同时还给使用者提供了更加灵活的开发空间。基于 FPGA 的并行特点，可以更好地控制与不同传感器通信的相对时差问题，因为 FPGA 灵活的半定制特点使它非常适用于任务时间可估计、同步精度高的系统设计。以高稳石英晶振作为 FPGA 的时钟源[3]，相比于工业控制计算机与单片机，可以在时序逻辑上达到纳秒级别的时间精度。

(2)选择可以使用电脉冲进行触发的传感器，FPGA 通过发送脉冲信号触发传感器，同时记录当前的精确时间，因为电脉冲触发只会产生因硬件电路传输所导致的时间延迟，除了远距离的信号传输的情况以外，传输延迟可以控制在纳秒级别以下。

4.1.3　其他传感器同步采集

对于一些测评中可能用到的其他传感器，如麦克风、CAN 总线接口等，既没有同步接口用于授时，又不支持触发采集，此时若要实现传感器信号的同步采集，可以通过采集信号的到达时间来实现。

　　以 CAN 总线信号为例，在 GNSS 信号的一个周期内（1s），CAN 总线信号有多个周期，由单片机或 CPLD 的计数器 0 和计数器 1 轮流对 CAN 总线输出信号的每个周期进行计数。当一个计数器在计数时，另一个处于停止状态，可以随时读取其计数结果。所以这两个计数器的门控信号 GATE0 和 GATE1 基本上为互非的关系。当 GNSS 的 PPS 脉冲信号到来时，GATE0 和 GATE1 变为低电平，计数器 0 和计数器 1 均停下来，以便确定 PPS 脉冲时刻与前面离其最近的 CAN 总线输出信号起始时刻之间的时间差。并且在计数器 0 和计数器 1 同时停止工作期间，计数器 2 进行计数（GATE2 为高电平），当软件将计数器 0 和 1 的计数结果读取后，通过复位指令使计数器 0 或 1 恢复计数，同时计数器 2 停止计数。

　　图 4.5 给出了同步电路 1s 时间内的工作时序。在 GNSS 的 PPS 脉冲到来的边沿时刻 t_i，CPLD 将 GNSS 状态位置 1 表示 GNSS 测量数据的更新，同时将 GATE0 与 GATE1 信号复位、GATE2 信号置位。GATE0 与 GATE1 信号复位，导致计数器 0 与计数器 1 停止计数，通过读取并分析两计数器的值，

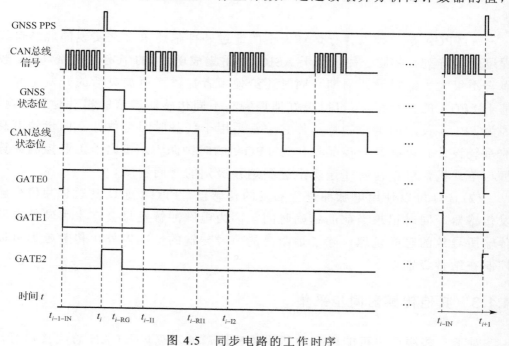

图 4.5　同步电路的工作时序

可确定 GNSS 的 PPS 脉冲时刻与前面离其最近的 CAN 总线输出信号的起始时刻之间的时间差 $b\Delta t'$（对应图中 $t_{i-1-\text{IN}}$ 与 t_i 之间的间隔）。得到 $b\Delta t'$ 后，立即复位 GNSS 状态位（$t_{i-\text{RG}}$ 时刻）。在 CAN 总线输出信号到来的各时刻（图中的 $t_{i-\text{I}1}$、$t_{i-\text{I}2}\cdots t_{i-\text{IN}}$ 等时刻），CPLD 内部逻辑将 CAN 总线信号状态位置 1，同时使 GATE0 与 GATE1 翻转，从而实现计数器 0 和 1 的交替计数，通过对门控信号的判断读取相应计数器的值，还可得到相邻 CAN 总线信号的时间间隔。得到 CAN 总线信号数据后，由软件控制复位 CAN 总线信号状态。显然，同步时间差 $b\Delta t'$ 的测量精度主要取决于计数器时钟信号，该系统采用 1MHz 的时钟信号是足以满足要求的。综上所述，利用该电路并配合适当的软件操作，即通过软、硬件相结合的方式可以解决无同步接口、无外部触发传感器的同步采集问题[4]。

4.1.4　多目标同步采集

IVIS 测评中参与目标较多，各目标的时间轴也需要统一。各目标上的传感器可以按照上述方法将数据对应的时间戳统一到北斗时间基准，各目标之间可以通过 Mesh 自组网设备实现信息传输，从而对于所有测评参与目标，其数据的时间信息都是统一到北斗时间的。

Mesh 自组网设备工作频率一般为 570～590MHz/1400～1420MHz[5]，采用 2.4G WiFi 工作频段，点对点传输数据速率峰值可达 80Mbit/s，多设备之间以透传模式通信。一般 Mesh 产品同频组网可支持 40 个节点，通信距离可到 1km，且可以稳定传输视频流，在距离为 100m 时传输时延小于 10ms。Mesh 自组网产品的组网方案如图 4.6 所示。

基于 Mesh 自组网产品的时间同步方案如下。

首先把参与组网的所有 Mesh 设备设置到同一个 IP 地址段，把各目标设备与 Mesh 设备通过有线方式连接，其中作为子节点的 Mesh 设备设置为 TCP 客户端模式，作为父节点的 Mesh 设备设置为 TCP 服务器模式；

接着各目标设备的数据通过有线方式发送给子节点，Mesh 设备再以无线透传的方式把各个子节点的数据发送到父节点；数据处理设备接收父节点的数据，实现对各目标设备数据的汇集，并根据数据包的包头格式分别解析和保存各目标设备的数据；各目标设备的时间已经统一为北斗时间，因此数据处理设备解析到的各目标设备的时间戳数据均以北斗时间为基准；

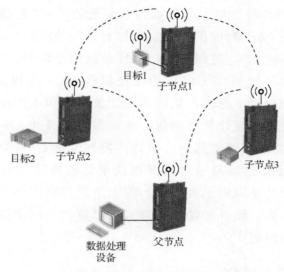

图 4.6　Mesh 组网方案

最后以同一时刻接收到的各目标设备中最小的时间戳为基准，根据其他目标设备的时间戳与最小时间戳的差值及目标设备的采样周期实现多目标无线同步。

4.2　多目标全局空间统一技术

4.2.1　基于 GNSS 高精度构图的全局坐标统一

数字地图按数据的组织形式和特点主要可以分为栅格数字地图（Digital Raster Graphic，DGR）和矢量数字地图（Digital Line Graphic，DLG）两种。栅格数字地图是一种扫描图像，使用方法较为单一，而且无法提取地图要素和内容，不能对地表现象和物体进行定义和描述，不能分类、分层、分要素检索等，在应用上具有一定的局限性。用于 IVIS 测评的增强型数字地图大多采用矢量数字地图的形式。

矢量数字地图是依据相应的规范和标准对地图上各种内容进行编码和属性定义，确定地图要素的类别、特征及相互之间的拓扑关系，并对要素进行矢量化后生成的一种地图数据文件，能够全面生动地描述地形地貌，具有数据量小、使用方便、便于查询和分析等特点。通常来说，矢量数字地图由点、线、面三类基本的图层复合而成，如图 4.7 所示，其生成步骤如下：将栅格数字地图读入计算机，并检测筛选出道路路口，包括交叉口道路和道路终端，同时标记构成道路路口；以每个道路路口为中心检测相邻道路路口，同时生成该道路路口到各个相邻道路路口的像素链；等间隔划分该像素链并添加节点，即记录道路形状图形点；删除冗余节点并按照标准矢量地图格式保存。

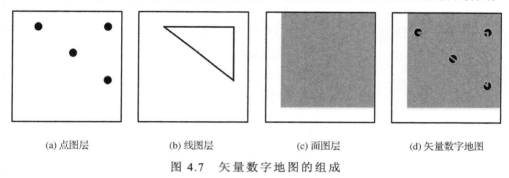

| (a) 点图层 | (b) 线图层 | (c) 面图层 | (d) 矢量数字地图 |

图 4.7　矢量数字地图的组成

目前增强型数字地图尚没有统一的标准和定义，但通常来说，增强性数字地图由三部分组成：地理（Geometric）信息、属性（Attribute）信息和拓扑（Topological）信息。增强型数字地图可以根据特定需要灵活添加一些特有属性，相比于上述普通数字地图，具有更高的精度和更加丰富的地理信息数据。用于智能车路系统测评的高精度增强型地图，不仅需要能够提供厘米级的统一空间坐标，还需要能够提供测评所需的车道线、道路边沿、信号灯、路侧设施等的高精度位置参数。

4.2.1.1　增强型数字地图设计理念

目前，车辆定位技术的蓬勃发展对数字地图提出了更高的要求，传统数字地图已经不能满足智能交通系统对定位精度的要求。因此，精度能够达到厘米级的增强型数字地图正在被广泛研究。相对于普通的数字地图而言，面向车辆定位系统的增强型数字地图应该具有更高的精度和更加丰富的地理信息数据。考虑到在城市道路交通环境中，交叉路口及附近区域相对于城市主干道拥有更加复杂的路网结构（转弯、并道等），并且因为周边高楼聚集，常出现卫星遮挡问题，因此，智能交通系统需设计包含道路地理信息、车道地理信息、交叉路口信息、道路两侧建筑物信息以及相应的拓扑信息，具有精度高、信息全、适用性广以及扩展性强等特点的增强型数字地图，如图 4.8 所示。

图 4.8　数字地图的设计理念

4.2.1.2　地理信息数据的采集

为了获取精确的地理信息数据，一系列技术方法得到了深入研究和快速发展。目前比较常见的地理信息数据采集方式可以分为以下三类：基于航空图像的数据采集方式、基于探测车辆的数据采集方式以及基于激光雷达的数据采集方式[6-9]。

基于航空图像的数据采集方式：其优点在于可以通过处理从飞行器或卫星捕捉的单个航空图像获得较大区域的地理信息，但是在这类航空图像中，城市道路会常常被两侧的树木、建筑物以及云层部分或者完全遮挡。通过此方式得到的地理信息数据不够完整全面，不能满足车辆定位系统的需求，并且高分辨率和最新的航空图像数据很难以低成本获取。

基于探测车辆的数据采集方式：搭载着定位系统的探测车辆沿着道路或车道中心线行驶的轨迹被记录为道路的地理信息。虽然，近年来 GNSS-RTK（Real-Time Kinematical）技术被广泛应用，GNSS-RTK 通过实时动态校正可以达到厘米级的定位精度。然而，在诸如城市峡谷或隧道这样的环境下，卫星信号常常被周围物体阻挡或反射，从而导致 GNSS-RTK 不精确和间断的定位。即使采用一辆搭载着 GNSS+INS 的高可靠组合定位系统的探测车辆来获取精确的地理信息数据，依然会受长期累积误差的影响导致精度下降、耗时加长。

基于激光雷达的数据采集方式：是顺应大数据时代到来而出现的一种新型地理信息数据获取手段，将激光雷达搭载在飞机、汽车等移动平台上，可以获取较为完整的空间地理信息数据。然而提出一种激光雷达点云数据处理算法来高效提取和聚类各类地理目标是比较困难和烦琐的，在本书的后续章节将进行详细介绍。

4.2.1.3　地理信息编辑软件

搭载着高精度组合定位系统的探测车辆获取的地理信息数据，即探测车辆的行驶轨迹数据，需要经过一系列的优化和处理。通常使用 MATLAB 软件对这些原始数据进行处理和优化。经过处理和优化之后的数据需要通过进一步的编辑工作才能制作最终的增强型数字地图，而这个过程就需要借助地理信息系统(Geographic Information System，GIS)软件来完成。

目前国内外有很多优秀的 GIS 软件可供选择，如 ArcGIS、MapInfo、MapGIS 及 Supermap 等。其中，当属 ArcGIS 应用最为广泛、功能最为全面。ArcGIS 是由美国环境系统研究所开发而成，其包含了一系列产品，例如，桌面完整套件 ArcGIS Desktop、服务端 ArcGIS Server 以及嵌入式开发组件 ArcGIS Engine 等。使用 ArcGIS 能够较为方便地进行地理数据的编辑，利用其即可制作生成增强型数字地图。

4.2.1.4　增强型数字地图制作总体方案

通过上述对增强型数字地图的理念设计、地理信息采集方式以及地图编辑软件的选取，增强型数字地图制作流程如图 4.9 所示。

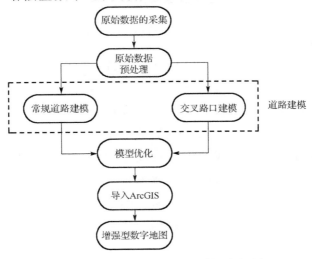

图 4.9　增强型数字地图制作流程图

增强型地图制作流程步骤如下。

步骤 1：原始数据的采集。驾驶着搭载高精度组合定位系统的探测车在目标区域道路上沿每条车道的中心线匀速行驶，速度保持在 40～60km/h，将采集到的探测车辆行驶轨迹数据进行存储，即获取目标区域地理信息的原始数据。

步骤 2：原始数据预处理。首先，由于原始数据为经纬度表示的 WGS84 坐标参考系下的数据，所以需要使用地图投影将三维的空间坐标转化为二维的平面直角坐标。通常采用高斯-克吕格投影算法进行坐标变换[10]，如图 4.10 所示。然后根据现实世界的道路路网结构对原始数据进行分段，并剔除可能存在的异常点。此部分的数据分段是指将每两个相邻交叉路口之间的车辆行驶轨迹数据分为一段作为独立常规道路的数据块，将属于一个交叉路口的车辆行驶轨迹数据分为一段作为独立交叉路口的数据块，为下一步的道路建模做准备。

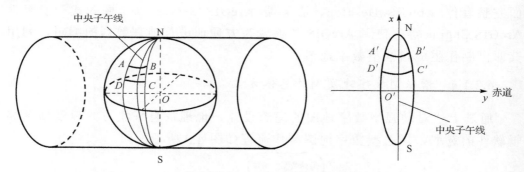

图 4.10　高斯-克吕格投影原理图

步骤 3：道路建模。该步骤在上一步骤的基础上针对常规道路和交叉路口分别独立建立模型，模型包含所需的地理信息、属性信息和拓扑信息等，并选取 Cardinal 样条曲线来拟合道路的平面线形。该方法得到的曲线经过目标道路上所有的控制点，线形具有较好的光滑性、连续性和可塑性，同时可以根据不同规范准则调整曲线的松紧程度达到满足城市目标道路要求的样条曲线，使得该样条曲线能够较好地适应城市道路曲率变化大的特点，获取的参数能够更真实地反映城市道路的平面现状。而且所需的控制点数目有限，计算简洁，便于实际应用[11]。首先介绍一下道路模型的建立，以交叉路口为例阐述模型构建过程。

交叉路口的形式大致可以分为两大类：一般交叉路口和特殊交叉路口。

其中，特殊交叉路口是指其中间部分区域存在花坛、植被或其他情况的交叉路口，如图 4.11 所示。特殊交叉路口模型也可分为拓扑结构和几何结构两个层次。模型的拓扑结构有助于描述在现实世界中特殊交叉口的连通性、转弯限制和其他属性。模型的几何结构有助于描述特殊交叉口区域虚拟车道线的几何特征，更好地近似于车辆在特殊交叉口的行驶轨迹。

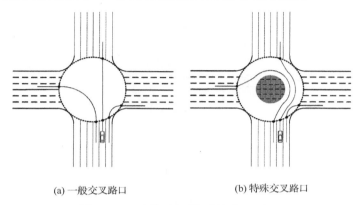

(a) 一般交叉路口　　　　　　　　　　(b) 特殊交叉路口

图 4.11　两种不同类型的交叉路口

（1）模型的拓扑结构。

针对每一个目标交叉路口，其拓扑结构定义如下。

该模型 M 由两部分组成：交叉路口基本信息层 Q，交叉路口虚拟车道线信息层 V，即

$$M = (Q, V) \tag{4-1}$$

① 交叉路口基本信息层 Q。

$$Q = (N_{id}, O, b, b_{max}, U) \tag{4-2}$$

该信息层主要包含了目标交叉路口的编号 N_{id}、目标交叉路口中心点 O 的经纬度坐标、目标交叉路口中间植被区域的半径 b、目标交叉路口最大半径 b_{max} 和与目标交叉路口相连的实际车道线的编号集 U。

如图 4.12 所示，$O = (\varphi, \lambda)$ 是目标交叉路口中心点的坐标，其中，φ 是起始点的经度，λ 是起始点的纬度，可通过 3 度带高斯-克吕格投影对此起始点的经纬度坐标进行大地坐标系到高斯平面直角坐标系的转换。

$U = \{N_1^a, \cdots, N_r^a, \cdots, N_d^a\}$，其中，$d$ 表示目标交叉路口所连接的实际车道线的数目，N_r^a 表示目标交叉路口所连接的第 r 条实际车道线的编号，$r = 1, 2, \cdots, d$。

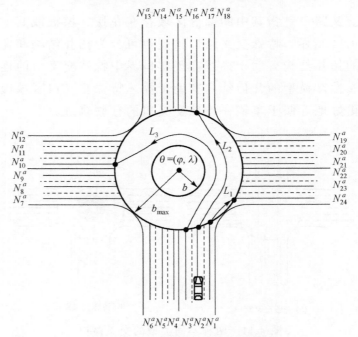

图 4.12　交叉路口模型示意图

②交叉路口虚拟车道线信息层 $\boldsymbol{V}$。

$$\begin{cases} \boldsymbol{V} = (N_{\mathrm{id}}, \boldsymbol{L}_1, \cdots, \boldsymbol{L}_k, \cdots, \boldsymbol{L}_m) \\ k = 1, 2, \cdots, m \end{cases} \tag{4-3}$$

式中，N_{id} 表示目标交叉路口的编号，m 表示目标交叉路口内部所包含虚拟车道线的数目，$\boldsymbol{L}_k$ 表示目标交叉路口内部第 k 条虚拟车道线的信息，$k = 1, 2, \cdots, m$。

$\boldsymbol{L}_k$ 可以进一步表示为

$$\boldsymbol{L}_k = (N^v, N_{\mathrm{out}}^a, N_{\mathrm{in}}^a, \boldsymbol{G}_k, \boldsymbol{A}_k) \tag{4-4}$$

N^v 表示这条虚拟车道线的编号；N_{out}^a 和 N_{in}^a 分别表示与这条虚拟车道线相连的驶入车道线和驶出车道线的编号。

$\boldsymbol{G}_k = \{P_1 = (x_1, y_1), \cdots, P_l = (x_l, y_l), \cdots, P_n = (x_n, y_n)\}$ 是在第 k 条虚拟车道线上顺序采集的 n 个控制点坐标集，其中，$l = 2, 3, \cdots, n-2$，x、y 分别是高斯平面直角坐标系下的横坐标（东向位置）和纵坐标（北向位置）。

$\boldsymbol{A}_k$ 是该虚拟车道线使用 Cardinal 样条拟合后所得曲线参数的集合。

（2）模型的几何结构。

针对目标路段中第 k 条车道按顺序采集得到的控制点的坐标集 G_k，根据 Cardinal 样条曲线来拟合其平面线性。

经过一系列的计算转换，可以得到在第 k 条车道上控制点 P_i 和 P_{i+1} 之间的 Cardinal 样条曲线段的参数形式

$$\begin{cases} x(u) = A_0^l + A_1^l u + A_2^l u^2 + A_3^l u^3 \\ y(u) = B_0^l + B_1^l u + B_2^l u^2 + B_3^l u^3 \end{cases}, \quad 0 \leqslant u \leqslant 1 \qquad (4\text{-}5)$$

式（4-5）中参数为

$$\begin{cases} A_0^l = x_l \\ A_1^l = -sx_{l-1} + sx_{l+1} \\ A_2^l = 2sx_{l-1} + (s-3)x_l + (3-2s)x_{l+1} - sx_{l+2} \\ A_3^l = -sx_{l-1} + (2-s)x_l + (s-2)x_{l+1} + sx_{l+2} \\ B_0^l = y_l \\ B_1^l = -sy_{l-1} + sy_{l+1} \\ B_2^l = 2sy_{l-1} + (s-3)y_l + (3-2s)y_{l+1} - sy_{l+2} \\ B_3^l = -sy_{l-1} + (2-s)y_l + (s-2)y_{l+1} + sy_{l+2} \end{cases}$$

式中，$s = 1 - t/2$，t 为此样条曲线段的张力系数。

定义此样条曲线段的参数矩阵 $Y_l = \begin{bmatrix} t & A_0^l & A_1^l \\ A_2^l & A_3^l & B_0^l \\ B_1^l & B_2^l & B_3^l \end{bmatrix}$。

由此可得该车道使用 Cardinal 样条拟合后所得曲线参数的集合 $A_k = \{Y_2, \cdots, Y_l, \cdots, Y_{n-2}\}$，其中，$l = 2, 3, \cdots, n-2$。同理可得道路平面所有车道使用 Cardinal 样条拟合后所得的曲线参数集合，进而得到该模型的几何结构。

步骤 4：模型优化。为了实现数字地图的精度与数据存储量之间的最优平衡，需要针对常规道路和交叉路口两种不同的道路模型分别提出相应的模型优化算法，最终优化算法确定两种道路模型的各项参数。下面以交叉口为例进行阐述。

特殊交叉路口的交通情况可分为以下三类：右转、左转、直行。针对这三种不同的交通情况，分别选取不同的点作为 Cardinal 样条曲线的控制点，进而就可以描述该交叉路口模型的几何结构，更接近真实的特殊十字路口车辆轨迹。

因此，式 (4-4) 中的 $\boldsymbol{G}$ 可以进一步表示为

$$\boldsymbol{G} = \begin{cases} \{E', E, T^{\text{rig}}, D, D'\}, & \text{右转} \\ \{E', E, T_1^{\text{str}}, T_2^{\text{str}}, T_3^{\text{str}}, D, D'\}, & \text{直行} \\ \{E', E, T_1^{\text{left}}, T_2^{\text{left}}, T_3^{\text{left}}, D, D'\}, & \text{左转} \end{cases} \tag{4-6}$$

接下来，将详细描述特殊交叉路口在不同交通情景下的控制点选取过程。

(1) 右转情景。

针对右转情景，$\boldsymbol{G}$ 可以具体表示为

$$\boldsymbol{G} = \{E', E, T^{\text{rig}}, D, D'\} \tag{4-7}$$

正如图 4.13 (a) 所示，$\boldsymbol{G} = \{E', E, T^{\text{rig}}, D, D'\}$ 是车辆在特殊交叉路口右转情景下按一定顺序排列的一组控制点。其中，E 是驶入交叉路口的那条实际车道的结束点；D 是驶出交叉路口的那条实际车道的起始点；E' 是在驶入车道上距离 E 点 10m 的控制点；D' 是在驶出车道上距离 D 点 10m 的控制点；T^{rig} 是在右转情景下选取的一个特殊控制点，是与中心线成 45° 角的直线与以点 O 为中心点、半径为 $(b+6)$m 的圆相交的那个点，具体细节如图 4.13 (b) 所示。

然后，使用上述五个点作为 Cardinal 样条曲线的控制点，并逐渐调节每个 Cardinal 样条曲线段张力参数的值，直到给定的道路数据点与 Cardinal 样条曲线段之间的误差达到可接受范围，这样就能更好地接近车辆在交叉路口右转时的真实轨迹。

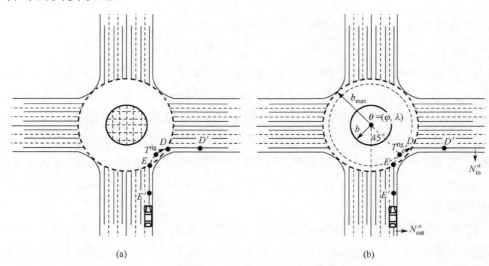

图 4.13　右转情景示意图

（2）直行情景。

针对直行情景，G 可以具体表示为

$$G = \{E', E, T_1^{\text{str}}, T_2^{\text{str}}, T_3^{\text{str}}, D, D'\} \tag{4-8}$$

正如图 4.14（a）所示，$G = \{E', E, T_1^{\text{str}}, T_2^{\text{str}}, T_3^{\text{str}}, D, D'\}$ 是车辆在特殊交叉路口直行情景下按一定顺序排列的一组控制点。其中，E 是驶入交叉路口的那条实际车道的结束点；D 是驶出交叉路口的那条实际车道的起始点；E' 是在驶入车道上距离 E 点 10m 的控制点；D' 是在驶出车道上距离 D 点 10m 的控制点；T_1^{str}、T_2^{str}、T_3^{str} 是在直行情景下选取的三个特殊控制点。T_1^{str} 是与中心线成 45°角的直线与以点 O 为中心点、半径为 $(b+4)$m 的圆相交的那个点；T_2^{str} 是与中心线成 90°角的直线与这个圆相交的那个点；T_3^{str} 是与中心线成 135°角的直线与这个圆相交的那个点，具体细节如图 4.14（b）所示。

然后，使用上述七个点作为 Cardinal 样条曲线的控制点，并逐渐调节每个 Cardinal 样条曲线段张力参数的值，直到给定的道路数据点与 Cardinal 样条曲线段之间的误差达到可接受范围，这样就能更好地接近车辆在交叉路口直行时的真实轨迹。

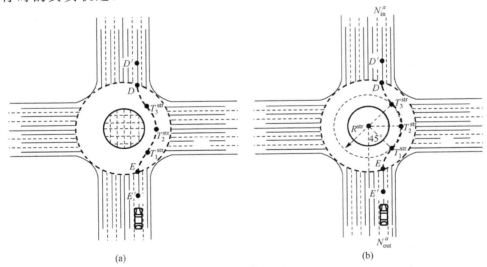

（a）　　　　　　　　　　　　　　（b）

图 4.14　直行情景示意图

（3）左转情景。

针对左转情景，G 可以具体表示为

$$G = \{E', E, T_1^{\text{left}}, T_2^{\text{left}}, T_3^{\text{left}}, D, D'\} \tag{4-9}$$

正如图 4.15(a)所示，$G=\{E',E,T_1^{\text{left}},T_2^{\text{left}},T_3^{\text{left}},D,D'\}$ 是车辆在特殊交叉路口左转情景下按一定顺序排列的一组控制点。其中，E 是驶入交叉路口的那条实际车道的结束点；D 是驶出交叉路口的那条实际车道的起始点；E' 是在驶入车道上距离 E 点 10m 的控制点；D' 是在驶出车道上距离 D 点 10m 的控制点；T_1^{left}、T_2^{left}、T_3^{left} 是在左转情景下选取的三个特殊控制点。T_1^{left} 是与中心线成 45°角的直线与以点 O 为中心点、半径为 $(b+2)\,\text{m}$ 的圆相交的那个点；T_2^{left} 是与中心线成 135°角的直线与这个圆相交的那个点；T_3^{left} 是与中心线呈 225°角的直线与这个圆相交的那个点，具体细节如图 4.15(b)所示。

然后，使用上述七个点作为 Cardinal 样条曲线的控制点，并逐渐调节每个 Cardinal 样条曲线段张力参数的值，直到给定的道路数据点与 Cardinal 样条曲线段之间的误差达到可接受范围，这样就能更好地接近车辆在交叉路口左转时的真实轨迹。

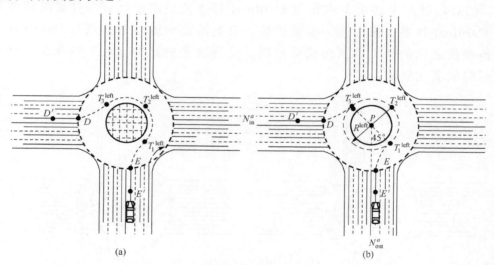

图 4.15　左转情景示意图

步骤 5：导入 ArcGIS 制作生成增强型数字地图。将优化后的模型数据导入 ArcGIS，对其进行编辑，完成增强型数字地图的制作。

测评系统的空间坐标以增强型高精度地图的坐标为基准。

4.2.2　基于激光雷达点云地图的全局坐标统一

正如前文所述，GNSS 在诸如城市峡谷或隧道的环境下定位精度无法保障，因此，基于 GNSS 的空间基准在应用中有局限性。激光雷达传感器不受遮挡环境的影响，构建激光雷达点云地图来提供空间基准，可以较好地规避 GNSS 的应用局限。为了更好地表达现实三维环境，研究者们关注基于 3D 激光雷达的点云地图构建，其构建过程如图 4.16 所示，主要包含以下几个方面。

(1) 原始点云预处理模块。主要包括运动畸变去除，离群点滤波，点云降采样等。

(2) 点云分割模块。采用传统几何特征或者深度学习的方法对点云进行语义分割。

(3) 点云特征提取模块。包括点特征、线特征和面特征。

(4) 点云注册模块 (雷达里程计)。采用传统迭代最近点算法 ICP (Iterative Closest Point)[12]、ICP 变体[13,14] 或者正态分布变换 NDT (Normal Distribution Transform)[15] 等帧间匹配方法拼接点云。

(5) 约束构建模块。基于因子图的位姿优化，主要是闭环检测[16,17]，即对相似的关键帧做帧间匹配，获得其相对位姿，增加边约束。

(6) 地图更新模块。根据步骤 (5) 的优化后的点云位姿，对地图进行更新。更新频率和策略通常取决于采用的点云注册方法。

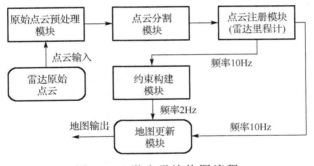

图 4.16　激光雷达构图流程

4.2.2.1　原始点云预处理

三维激光雷达是目前智能车辆环境感知系统应用最普遍的主动传感器之一，具有获取道路环境精确三维信息，不易受环境条件影响等优点。在基于旋转扫描的激光雷达定位系统中，由于载体运动导致的 3D 点云畸变是不可避免的，因此为达到高精定位的目的，对点云进行运动畸变补偿是首要任务。运动畸变发生的根本原因是雷达一帧点云中点被扫描的时间是不一致的。雷达安装在载体上并随其一起运动，由于采集的点云数据是环境中物体到雷达中心的距离和角度，所以每帧雷达扫描中的点的坐标系不同。下面结合Velodyne 公司的 VLP-32C 激光雷达进行详细阐述。

　　VLP-32C 激光雷达传感器是一款多光束三维成像激光扫描系统，被广泛用于无人驾驶和三维地图构建等领域。共有 32 线激光扫描束在其内部按垂直方向排列，上下交错发射激光（在传输数据时，数据也是分为上下层检测数据而被分开发送），垂直方向的可视范围为 41.3°，水平视野可达 360°。激光雷达通过 UDP 协议发送测量数据，输出的是 UDP 数据包。每个数据包都包含每一激光束返回的距离信息和角度信息。VLP-32C 激光雷达传感器关键性能参数配置如表 4.2 所示。

表 4.2　VLP-32C 激光雷达性能参数配置表

性能名称	参数
激光器数	32
测量范围	70m
水平视野	360°
垂直视野	$+10.67° \sim -30.67°$
距离精度	<2cm
扫描频率	$5 \sim 15$Hz
数据量	约 70 万/s

　　VLP-32C 激光雷达从坐标系原点发射 32 条激光束，收到的返回值包括角度、距离以及回光强度信息，但以上信息是基于极坐标系获得的，因此需将其转换到笛卡儿坐标系下，即将数据包中的数据球坐标 (R, ω, α) 转换到三维坐标 (X, Y, Z)。

$$\begin{cases} X = R \cdot \cos\omega \cdot \sin\alpha \\ Y = R \cdot \cos\omega \cdot \cos\alpha \\ Z = R \cdot \sin\omega \end{cases} \quad (4\text{-}10)$$

式中，R 是扫描线发射起点到扫描点的距离；ω 是点的垂直角度，与激光的 ID 是相对应的；α 是点的水平角度，是激光雷达电机当前的旋转角度位置。X、Y、Z 分别代表扫描点在激光雷达水平方向、前后方向和垂直方向的距离。VLP-32C 激光雷达笛卡儿坐标系如图 4.17 所示。

　　（1）点云畸变补偿。

　　移动物体上采集的激光雷达点云数据存在畸变问题，点云畸变补偿大体可以分为：计算相对运动和坐标系转换。首先，需要同步惯导和雷达的数据。惯导是获取载体运动信息的关键传感器，其可以采集载体的角速度、速度等，进而可以计算出相对角度和相对位移。

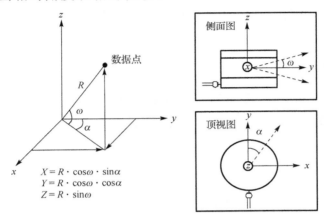

图 4.17　VLP-32C 激光雷达笛卡儿坐标系

激光雷达是顺时针扫描，因此根据雷达三维点的计算原理，如式 (4-10) 所示，可以通过 $\text{atan2}(y,x)$ 计算激光雷达扫描点相对于第一束雷达扫描点旋转的角度 β，注意，雷达扫描一周为 $360°$，扫描频率为 10Hz，所以旋转一定角度所需时间 Δt 就可以计算出。

激光点的变换，即坐标系 x 转换矩阵。由于雷达旋转一周时间相对于载体的运动极短，所以可假设载体的运动为匀速、匀角速度运动。每个激光点的相对运动即可用 $V_{\text{lidar}} \times \Delta t$ 和 $W_{\text{lidar}} \times \Delta t$ 计算。坐标系的变换等价于转换矩阵的求解，且转换矩阵由相对运动组成，也即 4×4 的矩阵，接着，左乘激光雷达的坐标点即可得出。

（2）点云滤波。

在获取点云数据的过程中，由于光照、电磁干扰和被测物体表面发生变化等不可抗因素的存在，点云数据中会存在一些噪声，这些噪声点的存在对后续的特征提取、数据关联等算法的效果都会造成影响，所以在对点云数据进行各种算法处理之前往往需要先进行滤波。噪声点常见的是离群点，在空间上表现为稀疏的、并不依附整帧点云、孤立的存在。常见的点云滤波方法有直通滤波、体素栅格滤波以及统计滤波等。其中，体素栅格滤波是无人驾驶实际应用中常用的方法，其不仅可以滤除离群点还可以提高计算效率。

　　如果点云的分布较为密集，数量较多而规律不明显，则可以使用体素栅格滤波对点云进行采样。体素栅格滤波的主要思路是把点云数据分成若干个一定大小的体素，在每个体素中只保留体素中心的点，其余点都剔除。体素栅格滤波器还可以用于离群点的剔除，在每个体素单元内，包含的点数目若小于设定的阈值，则可仍视为离群点，允以剔除，反之则保留。

4.2.2.2　点云分割

　　首先，将激光雷达扫描的某一帧点云，通过球面投影投影到距离图像上，然后基于距离图像分割点云。球面投影投影到距离图像的具体过程如图 4.18 所示。

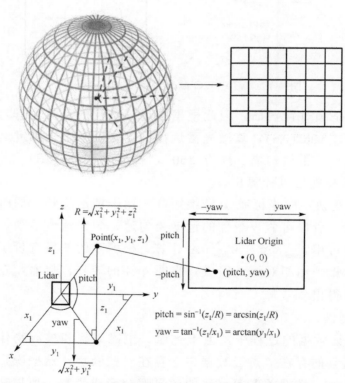

图 4.18　球面坐标系转直角坐标系三维示意图

　　对于图 4.18 中的点 $\mathrm{Point}(x_1, y_1, z_1)$，需要将其投影到一个 2D 图像上，来获得新的 2D 坐标表示。首先假设 X 轴是激光雷达的正视图，即汽车前进的方向，该点与原点的连线将与 xy 平面（理解为地面）形成一个角度，术语为俯仰角（pitch），该点在 xy 平面的投影与原点的连线与中心线 x 或 xz 平面形成一个偏转角（yaw）。通过使用三角函数，可以获得每个点用 x_1、y_1、z_1 表示的俯仰和偏航值。由于原点位于图像的中心，所以这些偏航和俯仰值构成了投影图像的每个像素位置。因此，通过计算每个点的偏航角和俯仰角，可以完全形成投影图像。需要指出的是，俯仰角的值在[FOV_Up，FOV_Down]范围内，因为它是激光指向的最大和最小视角，而偏航值的范围是$[-\pi，\pi]$。

旧坐标系中俯仰角和偏航角的表示式为

$$
\begin{aligned}
\text{pitch} &= \sin^{-1}(z_1 / R) = \arcsin(z_1 / R) \\
\text{yaw} &= \tan^{-1}(y_1 / x_1) = \arctan(y_1 / x_1)
\end{aligned}
\tag{4-11}
$$

然后对所有的点都可以使用这个公式进行转化，因此可以很容易地将一个本来用 x、y、z 表示出来的点经过一步计算，获得它的（pitch，yaw）值，这样就获得了点的 2D 表示。

将点云投影到图像上后，每个三维空间的点就转变为二维空间的像素点，在进行分割之前，对距离图像进行行列式评估。提取地面点，基于雷达竖直方向的扫描线数，即代表原始三维空间的竖直维度特性。也就是说可以通过判断其竖直维度的特性，区分出地面点和非地面点。以 VLP-32C LiDAR 为例，其垂直扫描角度为$+10.67° \sim -30.67°$，则地面点必然出现在$-1° \sim -30.67°$的扫描线。

接着，在标记有路面点的距离图像上，进行点云分割。采用基于图像的分割方法将距离图像分割为不同的聚类，同一聚类点被标记唯一的标识。此处，需将聚类点数较少的类别删除，目的是减少微小物体的影响，提高静态物体（如树木、广告牌、建筑物等）特征。由于环境的变化，树叶、草等在雷达扫描的前后一帧中可能不会出现，进而影响后续匹配精度。

通过上述步骤的滤波，可以得到稳定可靠的点云，如图 4.19 所示。可以看到，大部分的散乱点都被剔除掉了，这样需要处理的数据就变得很干净了。

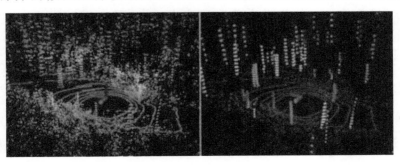

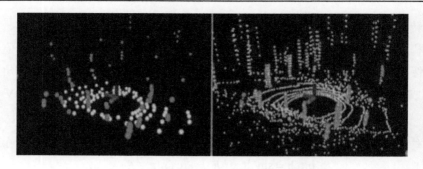

图 4.19　点云分割及特征点提取效果图

4.2.2.3　点云特征提取模块

将带有分割标签的距离图像输入特征提取模块，可进行后续特征提取操作。为了均匀提取特征点，先将距离图像水平均分为若干子图像，按照下面步骤对每个子图像进行处理。

（1）选取 t 时刻的点云 $\boldsymbol{P}_t$ 中的一个点 p_i，在点 p_i 同一竖直方向上，左右各选取 5 个点，构建集合 $\boldsymbol{S}$。

（2）计算集合 $\boldsymbol{S}$ 中每个点的平滑度，平滑度定义如下

$$c=\frac{1}{|\boldsymbol{S}|\cdot\|r_i\|}\|\sum_{j\in\boldsymbol{S},j\neq i}(r_j-r_i)\|\qquad(4\text{-}12)$$

（3）对集合 $\boldsymbol{S}$ 中每个点的平滑度排序，分别提取边缘点和平面点。

（4）设定平滑度阈值 c_{th}：点的平滑度符合 $c>c_{th}$，则为边缘点；反之则为平面点。

（5）从距离图像的每一行中选取非地面点，且具有最大的 c 值的 $n_{F_{me}}$ 个边缘点，组成集合 $\boldsymbol{F}_{me}$；同样地，选取最小 c 值的 $n_{F_{mp}}$ 个平面点，组成集合 $\boldsymbol{F}_{mp}$。

（6）进一步筛选。从集合 $\boldsymbol{F}_{me}$ 中选取非地面点，且具有最大的 c 值的 n_{F_e} 个边缘点，组成集合 $\boldsymbol{F}_e$；从集合中选取地面点，且具有最小 c 值的 n_{F_p} 个平面点，组成集合 $\boldsymbol{F}_p$。

最终提取的特征点如图 4.19 所示。

4.2.2.4　点云注册模块（雷达里程计）

（1）雷达运动模型。

雷达运动属于刚体运动，刚体运动一般主要分为绕 X、Y、Z 坐标轴的转

动的横滚、俯仰、偏航，常用欧拉角表示三个姿态角的变化。根据机体转动顺序，按照偏航、俯仰、横滚的顺序转动，最后可以得到导航坐标系转到机体坐标系的转动矩阵。此外，基于雷达系统相对运动起点坐标的原点的位移，雷达的运动过程就可以被参数化。设激光雷达相邻两帧点云数据之间的位姿变化为 T，$[x,y,z]$ 为相对于雷达坐标系原点的位移，$[\theta_x, \theta_y, \theta_z]$ 分别为绕坐标系 X、Y、Z 轴旋转的欧拉角。记 t_k 时刻雷达扫描的点云为 $\bar{P}_k$；t_{k+1} 时刻的 $\bar{P}_k$ 投影记为 $\hat{P}_k$；t_{k+1} 时刻之后，激光雷达扫描的新的点云数据为 $\bar{P}_{k+1}$，如图 4.20 所示。

假设 t_k 到 t_{k+1} 时刻的间隔微小，雷达扫描的频率为 10Hz。因此，在此时间间隔内雷达的运动可以近似为匀速运动。根据刚体旋转旋转变换平移公式 $X_{(k+1,j)}^L = R\hat{X}_{(k,j)}^L + T_{(k,j)}^L$，其中，$T_{(k,j)}^L$ 为三轴位移，R 为三轴旋转角组成的旋转矩阵，$X_{(k+1,j)}^L$ 为 t_k 起始时刻点的坐标。利用上式可计算出 $\bar{P}_k$ 中的某一点在 t_{k+1} 时刻的坐标。

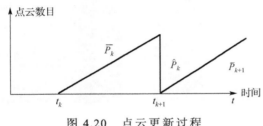

图 4.20 点云更新过程

(2) 点云配准。

计算两帧点云之间的对应关系并估计运动变化称为点云配准。首先介绍最通用的 3D 点云配准方法是迭代最近点(Iterative Closet Point，ICP)和正态分布变换(Normal Distribution Transform，NDT)。

ICP 以及后续提出的改进版本质是迭代最近邻算法，此类方法通常需要较好的初始位姿，即需要粗配准的过程。此外，由于其本身的缺陷，最终的迭代结果可能陷入局部最优，进而导致配准失效。需要注意的是，虽然 ICP 在相对静态的环境中的匹配准确度较高，但现实环境通常是实时变化的，如行走的行人、运动的车辆等，此时的相邻两帧点云具有部分差异，ICP 算法性能下降。NDT 的提出在一定程度上弥补了这个缺陷。

NDT 即正态分布变换，其目的与 ICP 一致，主要用来估计两帧点云之间的运动变换(刚体变换)。NDT 采用标准最优化技术来计算两帧点云之间的最优匹配变换，由于其在实施配准过程中采用的概率计算，而不是 ICP 算法采用的相应点特征的匹配计算，所以 NDT 计算效率相对于 ICP 而言较高。注意，NDT 配准算法耗时稳定，基本不随点云数量的改变而改变，且与初始位姿关系不大，初始位姿即使相差较大，只要偏转角在一定范围内，其匹配效果依旧很好。

NDT 算法的基本思想是先根据参考数据（Reference Scan）来构建多维变量的正态分布，如果变换参数能使得两幅激光数据匹配得很好，那么变换点在参考系中的概率密度将会很大。因此，可以考虑用优化的方法求出使得概率密度之和最大的变换参数，此时两幅激光点云数据将匹配到最好，如图 4.21 所示。

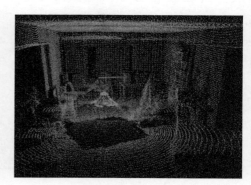

(a) 待匹配原始点云　　　　　　　　(b) 匹配完成的点云

图 4.21　NDT 匹配的两帧点云

一维情况下，随机变量满足正态分布，其对应的概率密度函数为

$$p(x) = \frac{1}{\sigma\sqrt{2\pi}} e^{\frac{(x-\mu)^2}{2\sigma^2}} \tag{4-13}$$

式中，μ 代表期望，且关于该值的不确定性用方差 σ 表示。

类似地，在多维情况下，对应的随机变量有

$$p(\boldsymbol{x}) = \frac{1}{(2\pi)^{D/2}\sqrt{|\boldsymbol{\Sigma}|}} \exp\left(-\frac{(\boldsymbol{x}-\boldsymbol{\mu})^{\mathrm{T}}\boldsymbol{\Sigma}^{-1}(\boldsymbol{x}-\boldsymbol{\mu})}{2}\right) \tag{4-14}$$

式中，平均值由平均向量 $\boldsymbol{\mu}$ 表示，方差由协方差矩阵 $\boldsymbol{\Sigma}$ 表示。一维、二维和三维正态分布如图 4.22 所示。

为提高匹配效率以及匹配精度，工程应用中采用基于 scan-to-scan 的方法来实现帧间的特征匹配，其本质是采用点-线和点-面的匹配关系建立约束方程。

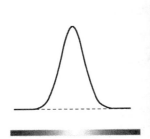

图 4.22　一维、二维和三维正态分布示意图

（3）雷达里程计。

已知第 k 次扫描的点云为 $\boldsymbol{P}_k$，而提取的边缘点集合记为 $\boldsymbol{E}_k$，提取的平面点记为 $\boldsymbol{H}_k$。已知第 $k+1$ 次扫描的点云为 $\boldsymbol{P}_{k+1}$，而提取的边缘点集合记为 $\boldsymbol{E}_{k+1}$，提取的平面点记为 $\boldsymbol{H}_{k+1}$。假若计算 $\boldsymbol{P}_k$ 和 $\boldsymbol{P}_{k+1}$ 之间的运动变换关系，即 $\boldsymbol{E}_k$ 和 $\boldsymbol{E}_{k+1}$ 以及 $\boldsymbol{H}_k$ 和 $\boldsymbol{H}_{k+1}$ 之间的变换关系。注意，由于雷达装载在载体上是运动的，所以为对应修正每一个点的姿态变换矩阵，需将每一帧点云中点重投影到每一帧的初始时刻，对应的边缘点和平面点分别记为 $\hat{\boldsymbol{E}}_{k+1}$ 和 $\hat{\boldsymbol{H}}_{k+1}$，基于此建立后续的约束方程及优化。

（4）边缘点的匹配。

从 $\hat{\boldsymbol{E}}_{k+1}$ 中选择一点 i，利用 KD-tree 最近邻检索，在 $\boldsymbol{E}_k$ 中对应选择与 i 距离最近的点 j，以及在 $\boldsymbol{E}_k$ 选择和点 j 相邻扫描线中最近的点 l，这样选择的目的是防止三点共线导致无法构造三角形。此外，上述选择的三个点的坐标分别记为 $\boldsymbol{X}_{(k,j)}$ 和 $\boldsymbol{X}_{(k,l)}$。从而，可以建立边缘点之间的优化方程，将帧间点云的姿态变化转换为点 i 到直线 jl 的最短距离的求解

$$D_e = \frac{|(\hat{\boldsymbol{X}}_{(k+1,i)} - \boldsymbol{X}_{(k,j)}) \times (\hat{\boldsymbol{X}}_{(k+1,i)} - \boldsymbol{X}_{(k,l)})|}{|\boldsymbol{X}_{(k,j)} - \boldsymbol{X}_{(k,l)}|} \qquad (4-15)$$

（5）平面点的匹配。

与边缘点匹配类似，平面点的匹配寻找两帧点云之间的对应关系，平面点就是求点到平面的距离，即需要在 $\boldsymbol{H}_k$ 中选择一个对应的平面。从 $\hat{\boldsymbol{H}}_{k+1}$ 中选择一点 i，利用 KD-tree 最近邻检索，在 $\boldsymbol{H}_k$ 中对应选择与 i 距离最近的点 j，并选择与点 j 位于同一激光扫描束的最近点 l，然后在相邻帧中选择与点最相近的点 m，这样选择的目的是防止三点共线导致无法构造一个平面。此外，上述选择的四个点的坐标分别记为 $\hat{\boldsymbol{X}}_{(k+1,i)}$、$\boldsymbol{X}_{(k,j)}$、$\boldsymbol{X}_{(k,l)}$ 和 $\boldsymbol{X}_{(k,m)}$。从而建立平

面点之间的优化方程，即点 i 到平面 jlm 之间的最近距离的求解

$$D_h = \frac{(\hat{X}_{(k+1,i)} - X_{(k,j)}) \cdot ((X_{(k,j)} - X_{(k,l)}) \times (X_{(k,j)} - X_{(k,m)}))}{|(X_{(k,j)} - X_{(k,l)}) \times (X_{(k,j)} - X_{(k,m)})|} \tag{4-16}$$

（6）姿态解算。

利用非线性优化方法求解 D_e 和 D_h 的右半部分，使其最小化。首先求解第 k 帧中第 i 个点的姿态变换 $T^L_{(k+1,i)} = \frac{t_i - t_{k+1}}{t - t_{k+1}} T^L_{k+1}$。设定旋转矩阵 R 和平移矩阵 T，接着构建方程 $X^L_{(k+1,i)} = R\hat{X}_{(k,i+1)} + T$，其可以将第 $k+1$ 帧点云投影到第 k 帧点云中。获得了变换公式后，就需要求解 R 和 T。需要注意的是，由于使用 6-DOF 姿态表示，所以需进行欧拉角到旋转矩阵的转换，采用罗德里格斯公式变换

$$R = I + \hat{w}\sin\theta + \hat{w}^2(1 - \cos\theta) \tag{4-17}$$

式中，$\theta = [\text{roll,pitch,yaw}]$，$w = \frac{T}{\|T\|}$，平移矩阵 $T = [x, y, z]$，即 6-DOF 前三个变量。

通过上面变换，可以得到约束公式 $f_e(\theta, T) = D_e \& f_h(\theta, T) = D_h$。下面只需利用列文伯格-马夸特法[18]求解此优化问题即可。

需要注意的是，上述求解的变换矩阵依旧是局部雷达观测坐标系下的结果，其主要目的是求解相邻两帧点云之间的变换 T^L，但是，为了构图全局地图和实现全局定位，还需要转换到全局坐标系下，即 T^W。

4.2.2.5　约束构建模块

在获得若干相邻帧姿态变换矩阵后，下一步就是将其与全局地图进行匹配，进而融合到全局地图。全局地图匹配过程示意图如图 4.23 所示。

首先做如下设定。

（1）第 $k+1$ 帧之前雷达扫描的点云在全局坐标系下的投影为 Q_k。

（2）第 k 帧的扫描尾部，即 $k+1$ 帧的起始时刻的姿态变换矩阵 T^W_k。

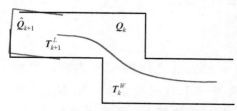

图 4.23　全局地图匹配过程示意图

（3）利用雷达里程计输出的 T^L_{k+1}，将 T^W_k 从 $k+1$ 时刻递推到 $k+2$ 时刻的起始，进而得到姿态变换矩阵 T^W_{k+1}。

(4) 利用 T_{k+1}^W，将第 $k+1$ 帧点云投影到全局坐标系，并记为 $\hat{Q}_{k+1}$。

通过上述假定，可以清楚分析出需要优化求解的是 T_{k+1}^W。类似于雷达里程计的求解，这里采用 map-to-map 的匹配算法。需要注意的是，为了保证计算效率，这里采用边长 10m 的立方体来替代全局地图，最终利用其优化得到高精度的姿态变换矩阵 T_{k+1}^W，步骤如下。

步骤 1：将两者相交的点云部分构建 KD-Tree[19]，此处相交的部分表示两个 map 之间重合部分，其可以用做点云匹配的依据。

步骤 2：选择相交点集合 S，并分别提取边缘特征点和平面特征点，此部分与雷达里程计特征点稍有区别。计算 S 的协方差矩阵，记为 M，接着计算 M 的特征值，记为 V，特征向量记为 E。E 中与较大特征值对应的特征向量代表边缘方向，反之，对应的特征向量为平面方向。也就是说，可以根据特征值和特征向量计算出直线方向，同样地，可以计算出平面方向。

步骤 3：基于上述方法即可确定对应的边缘和平面。可以快速查找到 $\hat{Q}_{k+1}$ 中一个点 i 和 Q_k 中的边缘点 $\{j,l\}$ 以及平面点 $\{j,l,m\}$。结合式（4-16）和式（4-17），利用列文伯格-马夸特法算法就可以求解 T_{k+1}^W。

最终，通过上述多模块的组合生成三维点云地图，如图 4.24 所示。

(a) 树荫遮挡环境

(b) 地下车库环境

(c) 停车场环境

(d) 工业园区环境

图 4.24　三维点云地图

4.3 信息交互测评技术

"信息交互"功能是智能车路系统的基础，是串联车载端和路侧端的管道，如第 1 章所述，LTE-V 通信制式在智能车路系统的应用中有较大优势，因此本节的信息交互测评主要针对 LTE-V 通信制式，包括分析关键性能指标的测量方案，以及信息安全测评技术。

4.3.1 关键性能指标测评

LTE-V 信息交互功能主要分为应用层处理、网络/适配层处理和接入层处理。

应用层处理主要完成应用层消息接收和发送处理、安全处理功能。①应用层消息接收和发送功能主要完成外部输入数据的接收、解析、格式转换，形成空口发送的应用层消息，并接收空口消息，解析、格式转换后发送给外部设备；②安全处理完成应用层消息的签名、验签及证书管理功能。

网络/适配层主要完成消息封装和测评信息提取功能。①消息封装功能主要完成 ITS 网络层和适配层功能，即按照 ITS 网络适配层协议将应用层消息进行封装后发送给接入层进行发送处理，并接收接入层投递的适配层消息，将解封装后的应用层消息投递到应用层；②评测信息提取主要完成网络/适配层业务指标统计、接入层测量信息的提取和向指标统计模块的上报。

接入层主要完成协议栈处理、物理层调制解调。①协议栈指空口高层协议栈，完成接收适配层下发的 ITS 消息、空口资源分配、调度和发送功能，接收物理层消息后投递到适配层；②物理层调制解调主要完成物理层发送和接收处理。

根据车路协同网络特性，为保证业务质量，结合应用需求，确定关键性能指标如下：时延、信号强度、信道繁忙率、传输距离、丢包率等。

4.3.1.1 时延

时延（Latency）是数据包从源到目的所花费的时间[20]。在 V2X 场景下，它表示从设备应用程序将应用程序层数据包传递至较低层的时间点，到通信对端的较低层将数据包交给应用程序层时间点之间的时间间隔（以 ms 为单位），体现的是应用程序端到端传递数据包需要的时间。

时延是有关安全的应用必须包括的关键技术指标。C-V2X 专为低延迟直接通信而设计。但是，延迟要求因应用程序而异。例如，对于当今的 ITS 应用程序(如前撞预警等)，端到端应用程序层延迟为 100～150ms 就足够了。对于其他将来的应用程序(如车辆编队行进)，可能需要大约 40ms 或更短的端到端应用程序层延迟。

时延，尤其是单向时延的测量前提是时间同步。对于智能车路系统，其参与目标较多，需要在多个目标之间进行时间同步。每个目标都通过授时设备将本地时间统一到北斗时间(采用基于 PCI-e 总线的授时板卡，时间同步精度小于 10μs)，这对智能车路系统的时延测量是足够的。测试时，发送端发送时延测量请求包，并标记发送时刻，接收端生成包含收发时间戳的测量结果包，并上报服务器端，这样测量结果即为端到端时延。测量误差主要由获取本地时间的软件指令的执行过程引起。

4.3.1.2　信号接收强度(Received Signal Strength Indicator，RSSI)

在蜂窝系统中，RSSI 表征的是参考信号接收功率(Reference Signal Received Power)。RSSI 是包含信号和噪声的。在低接收信号电平下，热噪声和其他设备本底噪声的影响开始增加，甚至主导报告的 RSSI 值。因此 RSSI 被视为一种粗略的度量标准，可用于进行定性观察，但对于定量结论而言不够准确[21]。

接收信号强度指示 RSSI 是对当前信道中信号等级的评估，是一个无量纲数，反映通信链路上的信噪比，该值是基于 RX 链中的当前增益设定和信道中的测得信号等级。通过检测邻居节点包的 RSSI 的值，可以判断出当前链路质量的好坏。用 RSSI 评估链路质量时，变化灵敏但精度不高。RSSI 一般由通信芯片内部的状态寄存器读取。

4.3.1.3　信道繁忙率

IEEE 802.11p 标准将具有冲突检测的载波侦听多路访问作为信道访问的竞争机制，在载波侦听机制当中，每次数据传输前会对信道的信号传输功率进行检测。如图 4.25 所示，在信号功率大于侦听阈值的情况下，认为信道处于繁忙状态；而当信号功率小于阈值时，则认为信道空闲，可以进行数据传输[22]。

信道繁忙率(Channel Busy Ratio，CBR)定义为一定的监测时间 T 内，信

道检测为繁忙状态的时间所占比例。CBR 通过周期内多次信道检测的平均值计算

$$CBR = \frac{\sum_{i=1}^{n} k_i}{n}, \quad k_i \in \{0,1\} \tag{4-18}$$

式中，n 为信道检测次数，k_i 在信道繁忙时为 1，空闲时为 0。

　　CBR 值能够对当前节点的网络状况做出准确的评估。当 CBR 高于可接受阈值时，认为信道占用率过高，当前节点为网络拥堵节点。

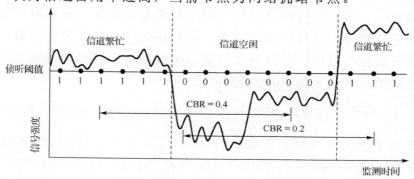

图 4.25　信道状态的检测

　　CBR 是其 RSSI 超过预定阈值子帧的比例，测量在一个 100 个子帧宽的滑动窗口上进行，其在不同的信道上的定义略有不同。由于拥塞是多设备共同作用的结果，在实际场景中难以重复显现，而经过精心设计用电缆连接的实验室测试台可复现，且结果更精确，从而为比较技术和算法提供了一个受控且稳定的平台。5GAA 给出了一个实验室拥塞控制仿真测试场景，如图 4.26 所示。

图 4.26　5GAA 的实验室拥塞控制仿真测试场景

其连接图如图 4.27 所示，HV 表示主车，RV 表示远车，UE 表示陪测设备，RV 和 HV 是两个待测设备。

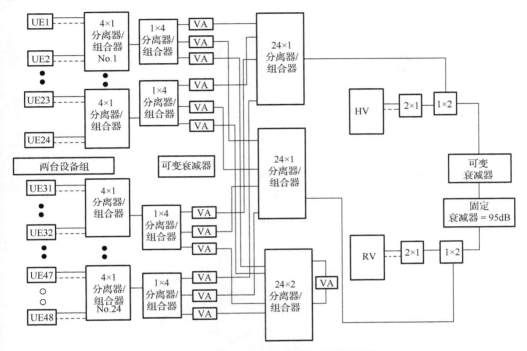

图 4.27　5GAA 室内拥塞测试连接框图

该方案中用 48 个真实节点模拟出 576 个节点，通过分析可知，若没有拥塞控制，系统输入负荷将是容量的 2 倍，系统将瘫痪。48 个节点位置固定，每个节点模拟自身临近的节点。待测设备之间的可调衰减器用来模拟两个待测设备之间的相对距离变化。这 48 个节点通过精心设计的衰减器-电缆网络，使两个被测设备接收到功率不同的信号，从而仿真真实堵车场景下的网络环境。

QUALCOMM 公司提出了两种测试方案。图 4.28 是小规模（实质只有 4 个节点）的测试拓扑，中间的设备是程序控制的可变衰减器。该公司认为这是一个可根据需求进行增量化测试的框架，可以稳定地进行拥塞测试。

第二种是称为 VeCTR 车辆拥塞测试架的结构，该结构可测试 50 个拥塞节点，可用于实验室内稳定地进行拥塞测试，如图 4.29 所示。

无论是 5GAA 或者 QUALCOMM，其测试结构的连接方法都是使用合路器将若干路设备通过同轴电缆连接在一起，并设置节点不同的路径损耗来模拟车辆所处的位置，达到仿真真实世界里车辆聚集场景的目的。评估 V2X 在

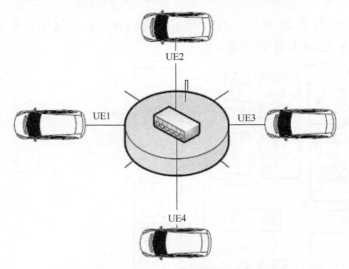

图 4.28　QUALCOMM 公司小规模测试拓扑

图 4.29　QUALCOMM 公司 VeCTR 测试架

高度拥挤的环境中的性能,包括在不同 CBR 值下在被测设备上实施的分布式拥塞控制机制的性能。5GAA 指出,95dB 衰减处的实验室数据与 CBR 和 PER 的累积分布函数的仿真数据完美匹配,这意味着信道利用率与系统负载相当,并且观察到的拥塞环境下的 PER 符合预期。

4.3.1.4　传输（或覆盖）距离

在 V2X 系统中，覆盖距离是指信号从发射者到接收者之间的直线距离。覆盖距离是系统整体性能的体现。一般认为，距离是发送机性能、接收机性能、信道参数、天线性能与天线长度及位置（指高度）、干扰水平等综合作用的结果[23]。

实际场景中的传输距离测试，可以在路侧端和车载端分别安装高精度定位装置，同步采集位置信息和路侧端与车载端的传输信息，以车载端为主目标，当其收到路侧端的信息时，通过当前时刻路侧端和车载端的位置信息可以计算当前两者的距离，即传输距离。

4.3.1.5　丢包率

丢包率是指数据包丢失部分与所传数据包总数的百分比，该指标可以为视频系统设置帧速率提供依据。

测量丢包率的基本过程是在指定的时间区间内，周期性地从源端向目的端发送探测包。若某探测包在指定时间阈值内收到响应包，则获得一个端到端时延的测量样本；若超过指定时间阈值仍未收到响应包则记录为丢包事件[24]。测量过程结束后，记录的丢包事件次数除以测量过程发送的探测包总数即为该时间区间内端到端路径丢包率；获得的时延测量样本集合则构成了时间区间内端到端路径时延的时间序列。这种周期探测方式过程简单、容易实现，因而被广泛应用。最常用的测量工具 Ping 即采用这种方式测量丢包率及时延。

4.3.2　信息安全测评

在智能车路系统中，大量的智能终端都面临着设备异质化、结构扁平化、设备接入海量化的问题，具体表现为由于攻击者或者被攻击者的快速流动特性，以及路边单元地理上散布的特点，决定了被攻击对象随机性很强，攻击者和被攻击者之间可能特别靠近；同时，部分汽车采用感知-决策-控制来代替人对机械部分的直接控制，攻击产生的后果不仅仅是信息泄露或者财产损失，还有直接的人身安全问题、社会安全问题。

这些问题并非杞人忧天。早在 2015 年，克莱斯勒公司的 Uconnect 车载系统、BMW 公司的 ConnectedDrive 系统均遭到黑客入侵，黑客可远程打开车门，甚至启用车载的功能。特斯拉也被爆出黑客入侵可开走车辆、并可向系统发送"自杀"指令，在车辆行驶途中突然关闭引擎。这些漏洞可能是车载设备产生的，可能是厂家后台服务的漏洞，也可能是专用 APP 导致的。2016年的测试表明，众多厂家的远程控制 APP 欠缺最基础的软件防护和安全保障，从而黑客可轻而易举获得车主和车辆的信息，甚至获得车辆的控制权。

　　除此之外，由于车辆的存放位置难以做到百分百安全可靠，在车辆上动手脚，加挂特定的硬件设备，配合对厂家 APP 的攻击，也可实现对信息的获取或对车辆的控制。虽然传统汽车也可能遭遇这种物理攻击（如撬锁、破窗等），但通过信息技术入侵是一个新的漏洞，入侵者能造成的破坏更大，动作更加隐秘，完成传统撬锁破窗难以达到的目的。表 4.3 列出了由EVITA（E-safety Vehicle Intrusion proTected Applications project）定义的危险等级。

表 4.3　危险等级评分表

危险等级	功能安全	机密性	经济方面	操作性
0	无危害	无非法存取	无损失	无影响
1	轻微危害	外层数据	轻微损失	微弱影响
2	严重危害/多辆车轻微危害	单个更新操作/应用	较大损失	明显影响/多辆车微弱影响
3	致命危害/多辆车严重危害	单个数据完整模块	严重损失/多辆车较大损失	多辆车明显影响
4	多辆车致命危害	多个模块数据	多辆车严重损失	多辆车严重影响

　　综上所述，人们对于智能车路系统安全问题的关注点已从功能安全问题转移至信息安全问题，即从系统可否按照预期效果完成其功能，变为系统是否存在损害资产的潜在风险。因此，智能车路系统通信应该建立在有安全、可靠、双向的消息传递的基础上，这些信息通过双重认证在车辆和交通设施之间传递；除了终端入网需要认证之外，网络中其他节点都应该认证；且各类设备设施应该具有防止物理攻击的能力。

　　传统网络安全防护的对象往往是具有较强计算能力的计算机或服务器。而智能车路系统以"两端一云"为主体，路基设施为补充，包括智能汽车、移动智能终端、智能车路系统服务平台等对象，涉及车-云通信、车-车通信、车-人通信、车-路通信、车内通信五个通信场景。涉及的保护对象众多，保护面广，任何一环出现安全问题都有可能造成非常严重的后果。大量的智能车路系统终端往往存在计算能力、存储能力受限等问题，甚至还有可能暴露在户外、野外，为智能车路系统网络安全防护带来更大的困难与挑战[25]。

虽然汽车的功能安全方面存在相对完整的分析与评估体系，但信息安全方面由于历史尚浅，其分析评估体系仍在建设中。美国汽车工程师协会发布了《汽车信息安全指南 SAE J3061》，旨在为汽车制造商设计信息安全工程架构提出指导性建议，打造自动化、系统化的信息安全问题解决方案，防患于未然[26]。

按照中国信通院发布的《车联网安全白皮书(2017)》和中汽数据有限公司发布的《车联网安全白皮书(2020)》的观点，从防护对象来看，智能车路系统的网络安全应重点关注智能车路系统安全、移动智能终端安全、智能车路系统服务平台安全、通信安全。同时，数据安全和隐私保护贯穿于智能车路系统的各个环节，也是智能车路系统网络安全的重要内容。

安全测评模块根据系统可能遭受的网络安全威胁，模拟攻击者攻击系统行为，用于测试系统受到网络安全威胁时的安全防护能力。安全评测模块需支持如下安全场景：篡改、重放、签名验签、隐私保护和设备端口攻击。

安全评测模块需要模拟网络安全威胁，需要在已有正常的安全功能基础上增加证书异常和消息异常模拟。证书管理模块增加异常证书和 CRL 导入，异常包括过期、错误、非法，用于模拟证书异常测试。消息异常模拟重放攻击(RSU 侧重放和 OBU 侧重放)、篡改消息内容(RSU 和 OBU 侧分别模拟修改消息载荷和签名)、使用无效证书(RSU 和 OBU 使用过期、错误、非法证书)签名、未签名消息(RSU 和 OBU 发送未签名消息)、拒绝服务(模拟大量消息业务阻塞 PC5 口)。

根据前述对智能车路系统网络安全威胁的分析，可利用 CAN-PICK、AUTO-X、Nmap、BurpSuite+exus5、Wireshark、HackRF+Gqrx 等测试工具，结合渗透测试、DoS 攻击、协议破解、API(Application Program Interface)攻击、暴力破解、模糊测试、代码逆向分析、端口扫描与攻击、劫持云端、IVI 通信、SQL 注入和中间人欺骗等方法初步形成一套全面系统的智能车路系统信息安全测试方法，具体的智能车路系统信息安全测试流程如图 4.30 所示。

智能车路系统作为具有高动态特性的自组网，其面临的安全威胁也是多方面的，特别是现代互联网技术引入的新型攻击，因此智能车路系统的信息安全有自己独有的特性，具体表现在如下三个方面。

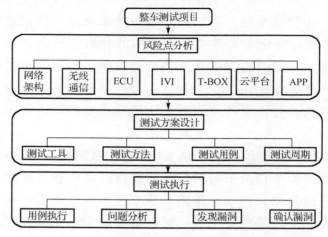

图 4.30　智能车路系统信息安全测试流程

(1)智能车路系统高动态特性。作为大型自组织网络,高动态特性会使得攻击性难以检测和发现。对于车辆来说,其无线组织组成的拓扑结构具有高动态特性;对于互联网来说,很多设备是静止的,位置是固定的,而车辆往往在高速移动,因此智能车路系统的拓扑结构变化会很快。这种结构下的安全威胁必然会很棘手。

(2)RSU 信息安全问题。RSU 模块从初始化之后就完全进入无人操作模式,因此,攻击者可以轻而易举地访问设备或者篡改感知信息,从而破坏源信息的采集和正确性,这必然会给智能车路系统系统带来严重的安全威胁。

(3)逻辑业务复杂。智能车路系统硬件设施更新换代快,智能车路系统中的通信节点是高速移动的车辆,要实现实时操控难度很大,所以对智能车路系统中通信节点的身份认证和隐私保护成为一大难题。考虑到智能车路系统高动态特性,一个综合性的安全管理平台是必需的,避免相互独立的平台在进行信息传输时引进新的安全问题。

智能车路系统作为智能交通系统的重要组成部分,在实现车车通信、车路通信、车与互联网信息交互过程中面临着多种多样的威胁,除了传统交通系统引进的硬件威胁,也包括新型互联网面临的软件攻击,表 4.4 给出了智能车路系统可能存在的安全攻击类型。

由于智能车路系统通信过程是完全开放的,其面临的隐私泄露和安全威胁更加多样化,既包括传统的交通系统安全威胁,也包括新型网络攻击威胁,例如,RSU 和 OBU 的证书篡改、证书错误、证书过期、证书非法、未签名等，因此系统的安全需求很大，以下为现有的针对智能车路系统通信提出的安全认证方案[27]。

表 4.4　攻击类型及描述

攻击类型	攻击描述
伪造攻击	攻击者伪造身份或位置信息以达到某种目的
信息篡改	攻击者发起联合信息篡改或者车主为逃避责任主动发起信息篡改操作
非法强占	通过控制交通灯或者路边单元来获得某些权利，如优先获得救护车和警车等
拒绝服务攻击	攻击者向网络中发放海量信息，占用网络信道，致使车辆网正常通信受阻
女巫攻击	攻击者创建大量假冒 ID，混淆当前网络流量实际场景
暴力破解	通过网络中截获的签名消息暴力求解真实签名者的身份信息
模仿攻击	攻击者通过模仿车联网中某些特定车辆的行为来欺骗其他车辆
车辆跟踪	通过 RSU 和 OBU 的信息流，攻击者破解特定车辆的行驶轨迹并跟踪

4.3.2.1　匿名身份认证测试技术

匿名认证技术是用来证明通信双方真实身份的安全认证协议，该协议的具体内容及认证方式是：首先，所有接入智能车路系统通信局域网的车辆节点必须先在权威机构(TA)注册，并由权威机构为每辆车生成一定数量的匿名证书并存储在 OBU 中。在建立通信连接之前，信息发送方从 OBU 单元中随机选取一个匿名证书并对其签署待发送消息，当然该证书只会被使用一次，之后双方建立通信。此种匿名通信方式以随机证书代替真实签名者的身份，因此一定程度上实现身份信息保护；同时由于每次发送消息都用不同的匿名证书，接收方无法根据接收消息判断信息来源是否是同一个发送者，保证了通信的不可逆性。此外，权威机构会保存车辆节点真实身份和匿名证书的对应列表，当出现交通事故或者肇事逃逸等情况时，权威机构可根据证书追踪逃逸车辆，因此可以节省追踪时间及避免交通事故逃避，一定程度上实现有条件隐私保护。

方案优点如下。

(1)匿名证书的产生和管理都交由权威机构，减轻车辆节点存储和计算负担。

(2)可实现有条件的匿名。管理机构存储车辆节点真实身份与对应证书的动态列表，当出现争议举动时，权威机构可以通过匿名证书对应列表追踪真实签名者并揭发其真实身份。

方案缺点：该方案虽然能够满足车辆节点身份的匿名性，但在实际执行过程中仍存在不足之处。

(1)车载节点 OBU 负担过重。权威机构在通信连接建立之前，会预先产生一定数量(大约 5000)的匿名证书并存储在车辆节点 OBU 中，假设每个匿名证书的大小约为 1000B，那么 OBU 单元仅仅用于存储匿名证书的空间至少为 5000×1000B，大约 50M，这对于 OBU 单元来说成本很高。

(2)权威机构管理证书难度大。假设权威机构存储其相应管辖范围内大约 5000 个车辆节点，每个节点需要存储 5000 个匿名证书，因此权威机构至少需要产生和管理 25 亿个匿名证书，这要求权威中心必须有足够大的数据库来管理匿名证书，由于其存储空间有限，一定程度上限制了智能车路系统网络规模的扩展性。

(3)证书撤销效率低。权威结构除了存储节点匿名证书之外，还得维护一个证书撤销动态列表。当出现恶意车辆节点时，权威机构需将该节点对应的所有匿名证书在智能车路系统中广播，同时将其加入证书撤销列表中，这使证书撤销列表增长相当快。当智能车路系统中节点收到该广播消息时，需对其收到的所有信息来源进行核对，判断该信息来源是否在作废列表中，这极大地降低车辆节点信息来源认证效率。

4.3.2.2 群签名认证测试技术

群签名认证技术是一种借助车辆节点所在群自发证明自己真实身份的签名方式。具体群签名方案是在建立通信连接之前，信息发送方与近邻成员组成一个群签名集体，并产生群管理员，在通信时提供群签名。验证者在验证该信息发送方的身份时，只能验证该消息来自某一个群体，无法断定真正的签名者身份。当出现纠纷时，由车辆节点所在群的群管理员揭露真实签名节点，并对其做出相应处理。

根据群签名的生成特点，该方案能实现签名者身份匿名和有条件隐私保护。群签名机制借助群签名隐藏真实签名者的身份，实现身份隐私保护，同时借助群管理员对群成员实现信息管理、行为监督、恶意节点揭露。此外，群签名满足不可逆性，即验证者无法根据两个群签名判断签名者是否来自同一个群及是否是同一个成员。由于群签名的上述特性，群签名得到广泛的应用。

群签名认证技术主要聚焦于车车通信过程中签名生成与验证问题，并不考虑车辆节点与其他信息源的通信交互问题,例如,车辆节点与 RSU 通信并不需要该种技术。具体的方案实现:假设权威机构有两个管理员,群签名管理员和信息追踪管理员,其中群管理员负责生成群内车辆节点的私钥和群公钥,并生成智能车路系统系统的公共参数;信息追踪管理员负责处理争议车辆的数据并向群管理员提供有效信息。具体车辆间通信模式如图 4.31 所示。

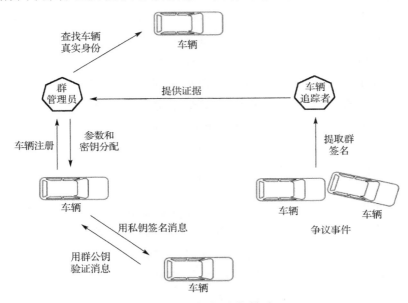

图 4.31　车车通信模式

方案优点:本方案较匿名身份认证技术的优点体现在权威中心不用预先装载大量匿名证书,这样可以节省 OBU 单元的存储空间。

(1)本方案不需要预先生成和加载大量的匿名证书在本地存储单元,只需要在建立通信时产生节点所在环成员的公钥、私钥及系统公共参数,因此对 OBU 单元要求不严格,更具有实际意义。

(2)群签名方案可以实现条件隐私保护,不仅满足车辆节电身份匿名性,同时提供可追查渠道,降低肇事逃逸等恶意事件的概率。

方案缺点:尽管该方案能够降低对存储空间的要求,满足隐私保护,但是在执行过程中依然有一些缺陷需要改正。

(1)密钥更换麻烦。当出现恶意车辆并撤销其签名时,需要更换该节点所在群的群公、私钥及系统参数,这使得该方案的实际应用变差。

(2)安全认证扩展性不高。验证者对接收消息的验证时间取决于撤销列表中车辆节点的数目，当撤销列表很大时，验证者对消息的认证时间将会大大增加，这对于通信时间要求到秒级的智能车路系统来说是相当不利的，这不仅降低了信息验证速度，同时对车辆的安全出行构成一定威胁。

(3)网络规模受限。该方案中消息验证效率与车辆节点撤销列表长度成正比，当网络规模增大时，相应撤销列表也会增长，随之消息验证速度会下降，因此网络规模不宜过大；另一方面，当网络规模较小时，同一个覆盖域内的车辆攻击者很容易根据群比对来猜测出发送节点的真实身份，因此存在安全泄露的威胁。所以网络规模应该如何设置对本方案来说仍然是未知数。

(4)更换密钥容易引发安全攻击。简单来说，基于群签名的方案中车辆节点的私钥需要由群管理员产生并通过安全渠道发送给车辆节点，也就是说车辆节点无法自主更改密钥，因此在密钥变更过程中存在车辆节点私钥被截取的危险。

4.3.2.3　基于二叉树的签名认证技术

该方案借助二叉树独有的特性建立信息认证技术。在分析数据及模型建立中常用的数据结构有数组、链表和树。数组和链表都是线性结构，两者的区别在于数组可以按存储顺序来检索数据，快速实现数据查找的功能；而链表在存储时其存储空间一般是不连续的，其最大特点是用指针来表明前后指向，因此能快速实现数据插入和删除的功能。树是一种特殊的数据结构，其中最常用的是二叉树，树在快速实现查找和删除、插入操作都有很大优势，同时由于其层次分明，被应用到很多实际管理模型中，例如，在家谱建立和病史分析中。

在本方案中使用二叉验证树实现车辆节点信息的批验证，同时能对信息进行检查和纠错。具体是用接收的签名信息为节点构造一棵二叉树，并且将每条签名信息所在节点作为叶子节点，其父节点签名为叶子节点签名的聚合值，签名验证过程由根节点自上而下进行。方案认证举例如图4.32所示。该二叉树最终是一棵满二叉树，其中最后一层代表车辆原始签名；中间层代表相应车辆节点的聚合签名；根节点代表所有车辆消息签名的聚合签名。方案通过验证根节点签名的有效性来判断其子节点签名的有效性，两者是一致的。

方案优点如下。

(1)验证效率高。二叉验证树特有的分层结构，使其在大规模交通网络中能通过验证父节点批量验证其子节点签名合法与否。对于大型多变的网络来

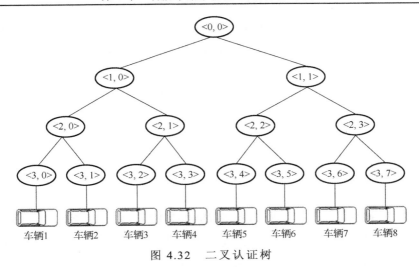

图 4.32　二叉认证树

讲，该种验证方式极大地减少了验证时间，提升了整个通信系统的效率。

（2）检错能力强。二叉树随着层数增多，检验速度也会越快。通过在个别节点设置检错门限，对所发信息进行差错检测，可以有效降低整个网络的差错检验消耗，同时能对个别错误信息进行多重检测，因此信息安全等级较高。

方案缺点：尽管该方案可以借助二叉树的分层结构实现高效率的批量验证，但不可忽视的是，该方案中所有叶子节点上的签名都被假设是绝对可信的，即该方案无法抵御节点联合攻击。同时，二叉验证树的建立需要额外的存储空间，特别是对父节点上联合签名的计算整合都需要耗费一定时间，因此该方案对车载单元 OBU 的存储能力及计算能力有着极大的要求。此外，节点签名存储也需要额外的空间来实现。总体来说本方案较之前面两种方案在检错及修复能力上都有很大提升，特别适合于大型交通网络，例如，城市交通网络。

4.4　位置距离测量技术

高精度的定位系统是智能车路系统测试评价的重要一环，它解决测评过程中被测车辆、路侧单元或其他测试目标"在哪里"的问题。精确的位置测量是实现智能车路系统精确、有效测评的基础。位置测量技术按照所提供的定位信息类别可分为绝对定位（Absolute Localization）和相对定位（Relative Localization），绝对定位提供的是在固定坐标系（如大地坐标系）下的车辆位姿信息，坐标原点位置固定，每一时刻提供的定位信息与上一时刻不存在耦合关系，故该定位方式不存在累积定位误差，只考虑当前时刻定位影响因素。相对定位与上一时刻的车辆定位结果存在耦合关系，通常以车辆行驶的起始位置作为车辆定位坐标系原点，依据当前车辆运动信息推测下一时刻的车辆位置，故需要考虑误差累计问题。因此，基于航位推算的相对定位单独使用时不能满足测评需求，通常其作为辅助手段用于与绝对定位进行融合。本书中介绍的高精度位置测量方法包括卫星定位、激光雷达定位、无线定位和融合定位。

4.4.1　基于卫星定位的位置距离测量

目前，车辆定位领域中使用最多的是全球导航卫星系统，包括美国的GNSS、俄罗斯的 GLONASS 以及近年来日趋完善的我国北斗卫星导航系统（BeiDou Navigation Satellite System，BDS）等。通过车载接收机接收卫星发射信号，利用信号发射与接收的时间差或信号载波相位确定卫星与车载接收机之间的距离，可以全天候实时地提供车辆的三维绝对位置和速度等信息。测评通常需要使用差分定位方法以达到厘米级的定位精度，目前常用的差分方法包括基站差分和网络差分。

4.4.1.1　基站差分

基站差分，主要由基准站部分、移动站部分和数据链子系统组成[28]，如图 4.33 所示。

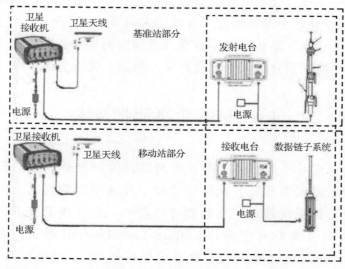

图 4.33　RTK 系统组成

　　基准站部分主要包括卫星天线和卫星接收机。卫星接收机通过卫星天线接收 GNSS、BDS、GLONASS 等导航卫星信号，测出基准站位置的三维坐标。然后将载波相位观测值、测站坐标信息等通过数据链子系统播发给移动站。

　　移动站部分主要包括卫星天线和卫星接收机。与基准站不同的是，卫星接收机除了通过卫星天线接收卫星观测数据以外，还通过数据链接收来自基准站的数据。移动站在系统内对采集和接收的两组载波相位观测值组成双差方程，根据相对定位原理实时解算移动站与基准站的基线信息以及移动站的三维坐标。

　　数据链子系统主要包括发射电台、发射天线、接收电台和接收天线。RTK 数据链子系统一般采用 UHF 电台播发信号，其频率为 450~470MHz。根据电磁波理论，高频无线电信号是沿直线传播的，要求发射天线和接收天线之间无遮挡信号的障碍物，同时距离较远时要考虑地球曲率的影响。

　　如图 4.34 所示，基准站 r 和移动站 u 对卫星 i 的载波相位观测值 $\varphi_r^{(i)}$ 和 $\varphi_u^{(i)}$ 可分别表示为

$$\varphi_r^{(i)} = \lambda^{-1}(r_r^{(i)} + I_r^{(i)} + T_r^{(i)}) + f(\delta t_r - \delta t^{(i)}) + N_r^{(i)} + \varepsilon_{\varphi,r}^{(i)} \tag{4-19}$$

$$\varphi_u^{(i)} = \lambda^{-1}(r_u^{(i)} + I_u^{(i)} + T_u^{(i)}) + f(\delta t_u - \delta t^{(i)}) + N_u^{(i)} + \varepsilon_{\varphi,u}^{(i)} \tag{4-20}$$

式中，λ 为载波波长；$r_r^{(i)}$、$r_u^{(i)}$ 分别为基准站和移动站到卫星 i 的几何距离；$I_r^{(i)}$、$I_u^{(i)}$ 分别为基准站和移动站的电离层延迟；$T_r^{(i)}$、$T_u^{(i)}$ 分别为基准站和移动站的对流层延迟；f 为载波频率；δt_r、δt_u 分别为基准站和移动站的接收机钟差；$\delta t^{(i)}$ 为卫星 i 钟差；$N_r^{(i)}$、$N_u^{(i)}$ 分别为基准站和移动站的整周模糊度；$\varepsilon_{\varphi,r}^{(i)}$、$\varepsilon_{\varphi,u}^{(i)}$ 分别为基准站和移动站的测量噪声。

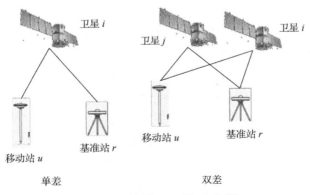

图 4.34　单差、双差示意图

将上面两式做差，可得单差的计算公式为

$$\varphi_{\mathrm{ur}}^{(i)} = \lambda^{-1}(r_{\mathrm{ur}}^{(i)} - I_{\mathrm{ur}}^{(i)} + T_{\mathrm{ur}}^{(i)}) + f\delta t_{\mathrm{ur}} + N_{\mathrm{ur}}^{(i)} + \varepsilon_{\varphi,\mathrm{ur}}^{(i)} \tag{4-21}$$

在短基线情况下，单差电离层延迟 $I_{\mathrm{ur}}^{(i)}$ 和单差对流层延迟 $T_{\mathrm{ur}}^{(i)}$ 约等于零，因此可将上式简化为

$$\varphi_{\mathrm{ur}}^{(i)} = \lambda^{-1}r_{\mathrm{ur}}^{(i)} + f\delta t_{\mathrm{ur}} + N_{\mathrm{ur}}^{(i)} + \varepsilon_{\varphi,\mathrm{ur}}^{(i)} \tag{4-22}$$

通过单差可以消除卫星钟差、电离层延迟和对流层延迟。

假设移动站接收机 u 和基准站接收机 r 同时跟踪卫星 i 和卫星 j，那么可得对卫星 j 的单差载波相位测量值 $\varphi_{\mathrm{ur}}^{(j)}$ 为

$$\varphi_{\mathrm{ur}}^{(j)} = \lambda^{-1}(r_{\mathrm{ur}}^{(j)} - I_{\mathrm{ur}}^{(j)} + T_{\mathrm{ur}}^{(j)}) + f\delta t_{\mathrm{ur}} + N_{\mathrm{ur}}^{(j)} + \varepsilon_{\varphi,\mathrm{ur}}^{(j)} \tag{4-23}$$

将两个单差测量值做一次差分，可得双差载波相位测量值为

$$\varphi_{\mathrm{ur}}^{(ij)} = \lambda^{-1}r_{\mathrm{ur}}^{(ij)} + N_{\mathrm{ur}}^{(ij)} + \varepsilon_{\varphi,\mathrm{ur}}^{(ij)} \tag{4-24}$$

假设基准站与移动站之间的基线向量为 b_{ur}，因此

$$r_{\mathrm{ur}}^{(ij)} = -b_{\mathrm{ur}} \cdot 1_r^{(i)} + b_{\mathrm{ur}} \cdot 1_r^{(j)} = -(1_r^{(i)} - 1_r^{(j)}) \cdot b_{\mathrm{ur}} \tag{4-25}$$

双差载波相位测量值可表示为

$$\varphi_{\mathrm{ur}}^{(ij)} = -\lambda^{-1}(1_r^{(i)} - 1_r^{(j)}) \cdot b_{\mathrm{ur}} + N_{\mathrm{ur}}^{(ij)} + \varepsilon_{\varphi,\mathrm{ur}}^{(ij)} \tag{4-26}$$

双差整周模糊度 $N_{\mathrm{ur}}^{(ij)}$ 是一个未知整数，整周模糊度的求解是利用载波相位测量值实现精密定位的关键，通常在应用中采用 Lambda 算法实现。

4.4.1.2　网络差分

网络差分法即网络 RTK，该技术在服务端利用载波差分技术原理，通过在区域内布设一定范围的基准站，形成分布较为均匀的连续运行基准站（Continuously Operating Reference Stations，CORS），利用基准站实时数据网络求解基线模糊度，建立区域大气误差模型，基于用户位置向用户实时播发虚拟站的修正观测信息，为覆盖范围区域内的所有用户提供稳定等精度的增强服务[29]。对于终端用户，利用短基线 RTK 技术，消除如卫星轨道误差、卫星钟误差、电离层延迟、对流层延迟等误差项，实现载波模糊度的快速整数固定，实现厘米级高精度定位。由于采用了多个基准站的观测数据进行区

域定位误差实时估算，所以网络差分与单站差分相比，精度更高作用范围更广。正是由于网络差分的这些优点，所以可以用于远海测绘这样特殊的高精度定位应用。

网络 RTK 需要畅通的数据通信链路，网络覆盖范围广、信号稳定，但对网络要求并非特别高。目前作业环境中，3G/4G 具有足够的数据带宽，已经完全可以作为通信数据链路的载体。目前，我国多个区域已建成省级 CORS 系统，满足地区内对于高精度位置应用的需求。

网络差分的算法根据所采用的定位模型和通信模式不同，其形式会有所不同，但其实质都是利用基准站网的定位误差估算用户站的定位误差，然后消除/削弱用户站的定位误差，提高用户的定位精度。网络差分系统构成如图 4.35 所示。

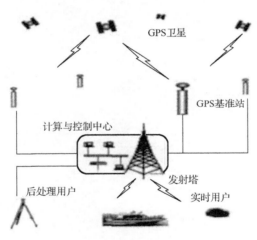

图 4.35　网络差分系统构成

4.4.2　基于激光雷达的位置距离测量

激光雷达最显著的功能就是精确测距，通过处理激光雷达返回的距离、角度、反射强度等信息，可以得到物理世界精确的二维或三维坐标。激光点云数据的处理与图像处理有一些共通性，所以衍生出的定位技术也类似。激光雷达可以检测环境中的人工特征、自然路标等，进而做出局部的相对定位，也可以预先生成全局环境地图并存储，通过当前帧与环境地图的地图匹配计算出自身在全局坐标系下的绝对位姿。本书主要介绍第二种应用方法，主要

分为三个部分：点云地图降采样；点云地图的网格划分；动态加载地图实现
NDT 匹配定位。

（1）对点云地图进行降采样：大尺度 3D 点云地图不易存储，且点云地图
中很多点是重合的，为降低点云地图体积，便于传输和加载，首先使用 PCL
库封装的 voxel_leaf_size 进行降采样。注意为滤除重合点，降采样的尺寸
（leaf_size）不宜过大，视场景纹理丰富情况而定，一般设置为 0.2 左右。

（2）对点云地图进行网格划分：按照一定的网格大小对降采样后的点云地
图进行划分，即可实现动态快速加载待匹配的目标点云地图。为兼顾匹配定
位的准确性和实时性，网格划分区域的边长一般设置为 30m 左右。点云地图
划分的网格效果如图 4.36 所示。

图 4.36　基于网格划分的点云地图

（3）动态加载网格地图进行 NDT 匹配定位：正态分布变换（NDT）核心思
想已在 4.2.2 节中介绍，即将目标点云（局部地图）转换为多维变量的正态分
布，基于优化方法（如牛顿法）计算当前帧点云与局部地图的变换参数，使其
概率密度之和最大。

动态加载网格地图进行 NDT 匹配定位的流程如图 4.37 所示。根据车辆
当前所在位置，实时加载当前可视区域的局部地图，即作为 NDT 匹配算法的
目标地图（target_map），并结合当前车辆位置的雷达扫描作为 NDT 匹配算法
的输入源，即可实现车辆的实时定位，匹配定位效果如图 4.38 所示。

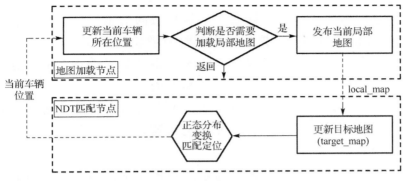

图 4.37　NDT 匹配定位的流程图

图 4.38　基于点云地图的匹配定位结果

4.4.3　多传感融合测量

由于 GNSS 定位信息更新频率低，不能满足自动驾驶测试中实时性的要求。惯性导航系统(Inertial Navigation System，INS)通常使用陀螺仪和加速度计来测量角速度和加速度信息，通过对角速度的积分得到车辆的航向、俯仰和侧倾角，通过对加速度的积分和二次积分获取车辆的速度和位置。惯性导航是一种相对位置测量技术，精度高于航迹推算，但同时意味着成本相应增加，特别是高精度的陀螺仪。惯性导航的精度受陀螺仪漂移、标定误差、敏感度等因素影响，误差也会随着车辆运行时间的增加而累积。将 GNSS 和 INS 相结合，可以利用 GNSS 提供的不随时间增加的高精度定位来就纠正 INS 的累积误差。同时，INS 可以解决 GNSS 特定场景易受影响的问题。通过结合这两种系统的优点，就能得到实时和精准的定位。

此外，随着车辆智能化程度的提升，车上安装的传感器越来越多，如轮式里程计、方向角转角传感器等，充分利用这些传感器信息，也可以提高车辆定位的精度。

轮式里程计是一种安装在车轮端通过测量车轮转动角度从而估计车辆轮速和行驶里程的传感器，由于其成本较低且应用较为成熟，在汽车中经常装备轮速里程计用于 L2 级别及以上的无人驾驶。轮式里程计的误差主要来源于车轮的滑移和滑转、路面不平、轮胎侧滑以及各种与行驶环境相关的不确定因素。

汽车方向盘转角传感器（Steering Angle Sensor，SAS）用于测量汽车转向时方向盘的旋转角度，为非接触式多圈角度测量。在自适应前照灯系统（Adaptive Front Lighting System，AFS）、电子稳定系统（Electronic Stability Program / Control，ESP/ESC）、电动助力转向系统（Electric Power Steering，EPS）中已广泛使用。方向盘转角可以根据一定的比例关系推算出车辆前轮转角，进而结合车辆动力学模型计算横向速度等。

下面介绍一种 GNSS/INS/轮式里程计/汽车方向盘转角传感器融合的车辆定位方法，其结构如图 4.39 所示，其他传感器融合方法类似。

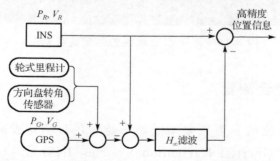

图 4.39　GNSS/INS/轮式里程计/汽车方向盘转角传感器融合的车辆定位方法

采用包含横向、纵向、横摆三自由度的非线性车辆动力学模型，并且忽略左右轮差异，将其等效简化为前、后车轮分别集中在车辆前、后轴中点而构成的自行车模型[30,31]，如图 4.40 所示。

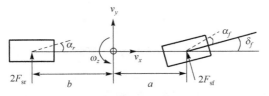

图 4.40　车辆简化模型示意图

假设车辆在运动过程中没有质量转移，且内侧轮胎和外侧轮胎具有相同的轮胎侧偏刚度和轮胎滑移角，根据牛顿运动定律可以建立车辆的横向和偏航运动方程[32]

$$m(\dot{v}_y + \omega_z v_x) = \sum F_s = 2F_{sf} + 2F_{sr}$$
$$I_z \dot{\omega}_z = \sum M_z = 2aF_{sf} - 2bF_{sr}$$

$$(4\text{-}27)$$

式中，m 为车辆的重量；v_x、v_y 分别为车辆的纵向和横向速度；$\dot{v}_y$ 表示车辆横向速度的变化，即 v_y 的微分；I_z 为车辆绕垂轴的转动惯量；ω_z 为车辆横摆角速度，$\dot{\omega}_z$ 表示横摆角速度的微分；a、b 分别为汽车前轮和后轮轮轴中心到质心的距离；F_{sf} 和 F_{sr} 分别为车辆前轮侧向力和后轮侧向力。

在轮胎滑移较小的情况下，F_{sf} 和 F_{sr} 可以用线性方程进行估计，即

$$F_{sf} = C_{af}\alpha_f, \quad F_{sr} = C_{ar}\alpha_r$$

$$(4\text{-}28)$$

式中，C_{af} 和 C_{ar} 分别为前轮轮胎侧偏刚度和后轮轮胎侧偏刚度；α_f 和 α_r 分别为前轮轮胎滑移角和后轮轮胎滑移角，可以表示为

$$\alpha_f = \delta_f - \frac{v_y + a\omega_z}{v_x}, \quad \alpha_r = \frac{b\omega_z - v_y}{v_x}$$

$$(4\text{-}29)$$

式中，δ_f 为车辆前轮转角，可以由车辆 CAN 总线读取的方向盘转角信息根据方向盘到前轮的转向传动比来确定。

将式（4-28）和式（4-29）代入式（4-27）可得

$$\dot{v}_y = \frac{\beta_1}{v_x}v_y + \left(\frac{\beta_2}{v_x} - v_x\right)\omega_z + \beta_3\delta_f$$

$$(4\text{-}30)$$

式中，$\beta_1 = \dfrac{-2(C_{af} + C_{ar})}{m}$；$\beta_2 = \dfrac{2(C_{ar}b - C_{af}a)}{m}$；$\beta_3 = \dfrac{2C_{af}}{m}$。

式（4-30）即为车辆横向速度的估计模型。

根据安装于车辆质心位置的惯性传感器测量值与欧拉角的运动学关系并忽略地球自转的影响，车辆纵向速度的变化可以表示为[33]

$$\dot{v}_x = f_x + \omega_z v_y - \omega_y v_z + g \sin P \tag{4-31}$$

式中，$\dot{v}_x$ 表示车辆纵向速度的变化，即 v_x 的微分；ω_y 为沿车辆横轴的角速度；v_z 为车辆的垂向速度；P 为车辆俯仰角。

由于车辆动力学模型中仅考虑了车辆在二维平面内的运动，此时 ω_y、v_z、P 可以忽略，所以式 (4-31) 可以简化为

$$\dot{v}_x = f_x + \omega_z v_y \tag{4-32}$$

将式 (4-30) 与式 (4-32) 联立就可以得到结合车辆运动学模型和动力学模型的纵向速度、横向速度和横摆角速度联合估计模型，其表达式为

$$\begin{cases} \dot{v}_y = \dfrac{\beta_1}{v_x} v_y + \left(\dfrac{\beta_2}{v_x} - v_x \right) \omega_z + \beta_3 \delta_f \\ \dot{v}_x = f_x + \omega_z v_y \end{cases} \tag{4-33}$$

由此可得

$$\begin{cases} \hat{v}_y(k) = \hat{v}_y(k-1) + \dfrac{\beta_1 T}{\hat{v}_x(k-1)} \hat{v}_y(k-1) + \left[\dfrac{\beta_2}{\hat{v}_x(k-1)} - \hat{v}_x(k-1) \right] T \hat{\omega}_z(k-1) + \beta_3 T \delta_f \\ \hat{v}_x(k) = \hat{v}_x(k-1) + f_x(k-1)T + \hat{\omega}_z(k-1)\hat{v}_y(k-1)T \end{cases} \tag{4-34}$$

根据 H_∞ 滤波理论，无论加速度计和陀螺仪的随机噪声满足何种规律，在 H_∞ 滤波中都可以将其归结为外部干扰信号。因此，H_∞ 滤波中的系统状态变量不需要包括加速度计随机常值偏置以及陀螺仪的随机常值漂移等项。因此，同 Kalman 滤波相比，H_∞ 滤波的状态维数降低了很多。具体而言，自主车辆 SINS/GNSS 组合导航的 H_∞ 滤波器的状态变量取为 9 维，包括三个位置误差、三个速度误差、三个平台角误差，即

$$\boldsymbol{X} = [\delta L \quad \delta \lambda \quad \delta h \quad \delta V_E \quad \delta V_N \quad \delta V_U \quad \psi_E \quad \psi_N \quad \psi_U]^T \tag{4-35}$$

与上述状态量对应的状态转移矩阵可以由惯导的误差动力学方程推导。

融合算法的观测信息主要包括两个部分，即导航坐标系中位置与速度信息，以及车体坐标系中的速度信息。上述各观测信息都可以利用 INS 解算的导航参数减去相应的其他传感器观测量或估计值来获得。

4.4.3.1 导航坐标系下位置与速度信息的观测方程

GNSS 在正常工作时可以输出的观测量包括位置信息（经度、纬度和高度）和速度信息（北向、东向和天向速度）。因此，用 INS 解算的位置和速度信息

减去 GNSS 相对应的测量值就可以作为系统的观测信息。

导航坐标系下位置信息的观测方程可以表示为

$$Z_P(t) = \begin{bmatrix} (L_R - L_G)(R_n + h) \\ (\lambda_R - \lambda_G)(R_e + h)\cos L \\ h_R - h_G \end{bmatrix} = \begin{bmatrix} (R_n + h)\delta L + \rho_{PN} \\ (R_e + h)\cos L\delta\lambda + \rho_{PE} \\ \delta h + \rho_{PU} \end{bmatrix} = H_P(t)X(t) + V_P(t) \quad (4\text{-}36)$$

式中，L_R、λ_R、h_R 分别为 INS 解算的纬度、经度、高度；L_G、λ_G、h_G 分别为 GNSS 输出的纬度、经度、高度信息；ρ_{PE}、ρ_{PN}、ρ_{PU} 分别为 GNSS 接收机沿东、北、天方向的位置误差分量；$H_P(t) = [\text{diag}[(R_n + h) \quad (R_e + h)\cos L \quad 1] \quad \mathbf{0}_{3\times 6}]$；$V_P(t) = [\rho_{PE} \quad \rho_{PN} \quad \rho_{PU}]^T$。

导航坐标系下速度信息的观测方程可以定义为

$$Z_V(t) = \begin{bmatrix} V_{RE} - V_{GE} \\ V_{RN} - V_{GN} \\ V_{RU} - V_{GU} \end{bmatrix} = \begin{bmatrix} \delta V_E + \rho_{VE} \\ \delta V_N + \rho_{VN} \\ \delta V_U + \rho_{VU} \end{bmatrix} = H_V(t)X(t) + V_V(t) \quad (4\text{-}37)$$

式中，V_{RE}、V_{RN}、V_{RU} 分别为降维 MEMS-INS 输出的东、北、天向速度；V_{GE}、V_{GN}、V_{GU} 分别为 GNSS 测量输出的东、北、天向的速度；ρ_{VE}、ρ_{VN}、ρ_{VU} 分别为 GNSS 的测速误差在东、北、天向的分量；$H_V(t) = [\mathbf{0}_{3\times 3} \quad \text{diag}[1 \quad 1 \quad 1] \quad \mathbf{0}_{3\times 3}]$；$V_V(t) = [\rho_{VE} \quad \rho_{VN} \quad \rho_{VU}]^T$。

4.4.3.2　车体坐标系速度信息的观测方程

式(4-34)给出了车辆在车体坐标系下的纵向速度和横向速度，同时由于车辆在正常驾驶过程中车轮不会离开地面，车体坐标系中的垂向速度可以约束为 0。将 INS 解算的车体坐标系速度减去上述相应值就可以作为系统的观测信息。有文献已经推导了以车体坐标系下各速度差作为观测信息的观测方程，尽管本书中观测量的信息源与参考文献有所不同，但可以进行有益借鉴。

车体坐标系下速度信息的观测方程可以定义为

$$Z_{Vb}(t) = \begin{bmatrix} \hat{V}_{bx} - v_x \\ \hat{V}_{by} - v_y \\ \hat{V}_{bz} - v_z \end{bmatrix} = \begin{bmatrix} \delta V_{bx} + \rho_{Vx} \\ \delta V_{by} + \rho_{Vy} \\ \delta V_{bz} + \rho_{Vz} \end{bmatrix} = H_{Vb}(t)X(t) + V_{Vb}(t) \quad (4\text{-}38)$$

式中，$[\hat{V}_{bx} \quad \hat{V}_{by} \quad \hat{V}_{bz}]^T$ 为降维 MEMS-INS 解算的车体坐标系下的速度；v_x、v_y

为式(4-34)方法估计的车辆纵向速度和横向速度，$v_z \approx 0$。

$$H_{Vb}(t) = \begin{bmatrix} & c_{11} & c_{21} & c_{31} & c_{21}V_U - c_{31}V_N & c_{31}V_E - c_{11}V_U & c_{11}V_N - c_{21}V_E \\ \mathbf{0}_{3\times3} & c_{12} & c_{22} & c_{32} & c_{22}V_U - c_{32}V_N & c_{32}V_E - c_{12}V_U & c_{12}V_N - c_{22}V_E \\ & c_{13} & c_{23} & c_{33} & c_{23}V_U - c_{33}V_N & c_{33}V_E - c_{13}V_U & c_{13}V_N - c_{23}V_E \end{bmatrix}$$

式中，$[V_E \quad V_N \quad V_U]^T$ 为导航坐标系下的真实速度；$V_{Vb}(t) = [\rho_{Vx} \quad \rho_{Vy} \quad \rho_{Vz}]^T$ 为测量噪声。

对于上述系统方程和观测方程，采用次优 H_∞ 滤波进行车辆融合定位，其递推过程主要包括以下三个步骤[34,35]。

（1）状态线性组合的估计。

$$Y_h(k-1) = L_h(k-1) \cdot X_h(k-1) \tag{4-39}$$

式中，Y_h 为系统的待估计的向量；L_h 为给定的状态量线性组合矩阵。

由于这里待估计的向量就是状态变量 X_h，所以取 $L_h = I$。

（2）时间更新。

$$X_h(k,k-1) = \mathbf{\Phi}_h(k,k-1) \cdot X_h(k-1) \tag{4-40}$$

$$\begin{aligned} P_h(k) = &\mathbf{\Phi}_h(k,k-1)P_h(k-1)\mathbf{\Phi}_h(k,k-1)^T + G_h(k)G_h(k)^T \\ &- \mathbf{\Phi}_h(k,k-1)P_h(k-1)[H_h(k)^T \quad L_h(k)^T]R_c(k)^{-1}\begin{bmatrix} H_h(k) \\ L_h(k) \end{bmatrix}P_h(k-1)\mathbf{\Phi}_h(k,k-1)^T \end{aligned} \tag{4-41}$$

式中，$R_c(k) = \begin{bmatrix} I & 0 \\ 0 & -\gamma_h^2 I \end{bmatrix} + \begin{bmatrix} H_h(k) \\ L_h(k) \end{bmatrix}P_h(k)[H_h(k)^T \quad L_h(k)^T]$；$\gamma_h$ 为给定的性能边界。

（3）量测更新。

$$K_h(k) = P_h(k)H_h(k)^T[I + H_h(k)P_h(k)H_h(k)^T]^{-1} \tag{4-42}$$

$$X_h(k) = X_h(k,k-1) + K_h(k)[Z_h(k) - H_h(k)X_h(k,k-1)] \tag{4-43}$$

由上述迭代过程可知，H_∞ 滤波并没有对状态量以及观测量的噪声进行任何设定或假设，可以较好地抑制 MEMS 惯性传感器不确定噪声的影响。车辆在每个离散时刻 k 的位置误差信息都可以通过迭代计算式(4-39)~式(4-43)得到，再结合 INS 定位结果，就能得到准确的位置信息。经过 H_∞ 滤波后得到的位置信息相比于单一传感器定位更为准确。

4.5　音视频预警信息监测技术

IVIS 中和预警相关的功能在作用时序上往往先于控制类功能，技术成熟度更高，目前已经广泛应用的预警类智能辅助驾驶功能包括前向碰撞预警、疲劳驾驶预警、超速预警等，而音频预警和视频预警是两种最为典型的预警方式，在对 IVIS 预警相关的功能进行测评时，需要知道预警消息的发出时间，从而对预警发出的及时性、准确性等进行评价。

4.5.1　视频预警信息识别分析

对于视频预警，可以采用基于模板匹配的方法分析每一帧图像中是否有预警信息。

模板匹配是一种最基本、最有效的模式识别方法，通过研究某一特定对象物的图案位于图像的什么地方，进而识别对象物[36]。它是图像处理中最基本、最常用的匹配方法。模板就是已知的预警图像，需要事先获取，而模板匹配就是在一幅大图像中搜寻目标，已知该图中有要找的目标，且该目标同模板有相同的尺寸、方向和图像元素，通过一定的算法可以在图中找到目标，确定其坐标位置。

视频预警信息分析的具体步骤如下。

(1)视频转化成连续图像帧。

读取摄像头拍摄得到的视频，已知帧率为 f，将视频转化成总帧数为 L 的连续图像帧序列 $S_k(W,H)$，$1 \leqslant k \leqslant L$，记录开始时刻为 t_0，则每一帧耗时为 $\frac{1}{f}$ s，第 k 帧序列的时间为 $t_0 + \frac{k}{f}$。

(2)将图像帧和匹配模板转化成灰度图。

为了加快模板匹配的速度，将待匹配的图像帧和模板进行灰度图转换。获取原图 R、G、B 三通道的数值，进行转化成灰度值 Gray

$$Gray = 0.1140 \times R + 0.5870 \times G + 0.2989 \times B \tag{4-44}$$

在不影响检测精度的前提下，减少检测时间，提高检测效率。

(3)基于归一化相关匹配的第一次模板匹配。

需要匹配的预警信号模板为事先已知，记为 $T(m,n)$，叠放在处理好的图

像帧 $S_k(W,H)$ 上平移，模板覆盖被搜索图的区域称作子图，i、j 为子图左下角像素点在被搜索图 S_k 上的坐标，搜索范围是：$1 \leqslant i \leqslant W-m$，$1 \leqslant j \leqslant H-n$。用式(4-45)衡量 T 和 S_{kij} 的相似性

$$D(i,j) = \sum_{m=1}^{M}\sum_{n=1}^{N}[S_{kij}(m,n) - T(m,n)]^2 \tag{4-45}$$

将其归一化，得到模板匹配的相关系数

$$R(i,j) = \frac{\sum_{m=1}^{M}\sum_{n=1}^{N}S_{kij}(m,n) \times T(m,n)}{\sqrt{\sum_{m=1}^{M}\sum_{n=1}^{N}[S_{kij}(m,n)]^2}\sqrt{\sum_{m=1}^{M}\sum_{n=1}^{N}[T(m,n)]^2}} \tag{4-46}$$

为了优化算法，减少运算时间，在第一次匹配的过程中取模板的隔行隔列数据，即四分之一的模板数据，在被搜索图上进行隔行隔列扫描匹配，即在原图的四分之一范围内匹配。从而使数据量大幅度减少，匹配速度显著提高。

(4)基于归一化相关匹配的第二次模版匹配。

第二次匹配是精确匹配。在第一次匹配后得到相关系数最大点 $(i_{\min},j_{\min})$ 的领域将其作为新的搜索图 $S_{k1}(W_1,H_1)$，其为原搜索图 $S_k(W,H)$ 中对角点为 $(i_{\min}-1,j_{\min}-1)$ 和 $(i_{\min}+m+1,j_{\min}+n+1)$ 的矩形。在新的搜索图 $S_{k1}(W_1,H_1)$ 内重新进行搜索匹配，搜索范围是 $1 \leqslant i \leqslant W_1-m$，$1 \leqslant j \leqslant H_1-n$，则 T 和 S_{k1ij} 的相似性为

$$D(i,j) = \sum_{m=1}^{M}\sum_{n=1}^{N}[S_{k1ij}(m,n) - T(m,n)]^2 \tag{4-47}$$

将其归一化，得到模板匹配的相关系数

$$R(i,j) = \frac{\sum_{m=1}^{M}\sum_{n=1}^{N}S_{k1ij}(m,n) \times T(m,n)}{\sqrt{\sum_{m=1}^{M}\sum_{n=1}^{N}[S_{k1ij}(m,n)]^2}\sqrt{\sum_{m=1}^{M}\sum_{n=1}^{N}[T(m,n)]^2}} \tag{4-48}$$

式中，相关系数 $R(i,j)$ 表示模板和视频帧的相似程度。

(5)判断是否出现预警并提取预警发出时间。

对第二次模板匹配后的相似度结果进行优化处理，将 $R(i,j) < 0.60$ 的部分

变成 0，保留 $R(i,j) > 0.60$ 的值

$$\begin{cases} R(i,j) = 0, & R(i,j) < 0.60 \\ R(i,j) = R(i,j), & R(i,j) > 0.60 \end{cases}$$

将进行优化处理后的结果进行归一化处理

$$R(i,j) = \frac{R(i,j)}{\max R(i,j)} \tag{4-49}$$

在归一化后寻找 $R(i,j)$ 的第一个最大值点坐标 $R(i_0,j_0)$，若 $R(i_0,j_0)=0$ 则匹配失败，没有找到对应的模板；若 $R(i_0,j_0)=1$，则系统匹配成功，检测出示警信号，则记录当前匹配的图像帧序列号 k_w，从而计算出预警消息发出的时间为 $t_w = t_0 + \dfrac{k_w}{f}$。

4.5.2　音频预警信息识别分析

对于音频预警信息，一种简单的方法是通过设定音频幅值的阈值，声音幅值超过阈值即认为发出了预警，此方法较为便捷简单，但是容易被噪声干扰，存在一定误差。另一个更为准确的识别方法是利用类似的模板匹配方法，通过事先设定预警声音，在分析整个音频文件的基础上，准确地获取相应预警声音的发出时刻。

首先对采集的音频信号进行端点检测，分离出有效的语音段，然后提取各语音段的 Mel 频率倒谱系数（Mel Frequency Cepstrum Coefficient，MFCC），对语音的 MFCC 特征向量采用动态时间规整算法（Dynamic Time Warping，DTW）进行语音识别[37]，具体步骤如下。

（1）基于双门限法的音频端点检测。

首先对语音信号进行分帧，以 T 秒为一帧，步长为 p 秒，分帧得到信号 F。假设语音信号的采样频率为 f，每一帧语音中的样本个数为 $N = T \times f$。

每一帧计算信号的短时能量为

$$E(m) = \sum_{n=0}^{N-1} q_m(n)^2 \tag{4-50}$$

每一帧信号的短时过零率为

$$Z(m) = \frac{1}{2} \times \sum_{n=1}^{N-1} [\text{sgn}(q_m(n)) - \text{sgn}(q_m(n-1))], \quad \text{sgn}(x) = \begin{cases} 1, & x > 0 \\ -1, & x < 0 \end{cases} \quad (4\text{-}51)$$

式中，m 表示第 m 帧，$q_m(n)$ 表示第 m 帧的语音信号。

确定语音信号的阈值为：右端点取短时能量均值的一半 $\text{High} = \frac{1}{2l} \times \sum_{n=0}^{l-1} [E(n)]^2$。

左端点取语音信号前 5 帧的均值与短时能量均值的五分之一之和 $\text{Low} = \frac{1}{5} \times \left(\sum_{n=0}^{4} Q(n) + \frac{1}{l} \sum_{n=0}^{l-1} [E(n)]^2 \right)$，其中，$Q$ 为待识别的语音信号。过零率阈值

$z = \frac{1}{l} \times \sum_{n=0}^{l-1} Z(n)$，$l$ 表示语音信号的帧数。

利用这三个阈值对语音信号进行端点检测。首先用 High 对分帧后的信号 F 进行搜索，以短时能量大于 High 的帧为起点，小于 High 的帧为终点，将语音分成若干段。然后用 Low 对第一次分段进行扩展，以第一次分段的左右端点为起点，分别向左右两边扩展，若帧的短时能量大于 Low 则进行扩展，小于 Low 则不进行扩展。最后利用 z 对第二次扩展结果再次进行扩展，若帧的短时过零率大于 z 则进行扩展，小于 z 则不进行扩展。至此，端点检测结束，得到以帧为单位的有效语音列表。

(2) MFCC 特征提取。

对每一段有效语音提取其 MFCC 特征，以其中一段语音信号 Q' 为例，具体步骤如下。

①对语音信号进行预加重处理，方式为

$$Q''(n) = Q'(n) - \mu Q'(n-1), \quad \mu = 0.97 \quad (4\text{-}52)$$

式中，$Q'(n)$ 表示语音信号的每一个采样点。

②保留基于双门限法的音频端点检测的分帧结果，每一帧语音中的样本个数为 N。

③分帧后，对每一帧信号 $q''(n)$ 加窗，采用汉明窗

$$\begin{cases} g(n) = q''(n) \times W(n) \\ W(n) = (1-a) - a \times \cos\left(\dfrac{2\pi n}{N-1}\right), \quad 0 \leqslant n \leqslant N-1, \quad a = 0.46 \end{cases} \quad (4\text{-}53)$$

④对每一帧语音做离散傅里叶变换

$$g'(k_d) = \sum_{n=0}^{N-1} g(n)\mathrm{e}^{-2\pi k_d i/N}, \quad 0 \leqslant k_d \leqslant N-1 \tag{4-54}$$

⑤定义一个有 M 个滤波器的滤波器组，采用的滤波器为三角滤波器，M 取 26。滤波器的定义如下

$$H_m(k_{\mathrm{mel}}) = \begin{cases} 0, & k_{\mathrm{mel}} < f(m-1) \\ \dfrac{k_{\mathrm{mel}} - f(m-1)}{f(m) - f(m-1)}, & f(m-1) \leqslant k_{\mathrm{mel}} \leqslant f(m) \\ \dfrac{f(m+1) - k_{\mathrm{mel}}}{f(m+1) - f(m)}, & f(m) < k_{\mathrm{mel}} \leqslant f(m+1) \\ 0, & k_{\mathrm{mel}} > f(m+1) \end{cases}$$

式中，$f(m)$ 定义为

$$f(m) = \left(\frac{N}{f_s}\right) F_{\mathrm{mel}}^{-1}\left(F_{\mathrm{mel}}(f_l) + m\frac{F_{\mathrm{mel}}(f_h) - F_{\mathrm{mel}}(f_l)}{M+1}\right)$$

$$F_{\mathrm{mel}}(f) = 1125\ln(1 + f/700)$$

$$F_{\mathrm{mel}}^{-1}(f) = 700(\mathrm{e}^{f/1125} - 1)$$

f_l 为滤波器定义的最低频率，f_h 为滤波器定义的最高频率，f_s 为采样频率。

将能量谱通过上述三角滤波器组，并计算每个滤波器组输出的对数能量

$$s(m) = \ln\left(\sum_{k_d=0}^{N-1} |g'(k_d)|^2 H_m(k_d)\right), \quad 0 \leqslant m \leqslant M-1 \tag{4-55}$$

⑥将上述的对数能量代入离散余弦变换，求出 L 阶的梅尔倒谱参数。L 指 MFCC 系数阶数，通常取 $12\sim16$。

$$C_t = \sum_{m=0}^{M-1} s(m)\cos\left(\frac{\pi t(m-0.5)}{M}\right), \quad t = 1, 2, \cdots, L \tag{4-56}$$

⑦动态差分参数计算，公式为

$$d_t = \begin{cases} C_{t+1} - C_t, & t < \Theta \\ \dfrac{\sum\limits_{\theta=1}^{\Theta} \theta(C_{t+\theta} - C_{t-\theta})}{\sqrt{2\sum\limits_{\theta=1}^{\Theta} \theta^2}}, & \Theta \leqslant t < L - \Theta \\ C_t - C_{t-1}, & t \geqslant L - \Theta \end{cases} \tag{4-57}$$

求出一阶差分参数后，将一阶差分参数再代入求得二阶差分参数。Θ 可取 1 或 2。

取梅尔倒谱参数、一阶差分参数以及二阶差分参数的前 13 个系数，得到该帧语音的 MFCC 特征向量。

(3) DTW 算法语音识别。

假设一段语音信号提取到的特征为 $(u_0, u_1, \cdots, u_{m-1})$，以已经提取过 MFCC 特征的标准语音为模板 $S = (s_0, s_1, \cdots, s_{n-1})$，按照 DTW 算法计算每一帧语音 MFCC 特征的累计距离为

$$D(i,j) = \begin{cases} d(s_i, u_j), & i=0, \ j=0 \\ d(s_i, u_j) + D(i, j-1), & i=0, \ j>0 \\ d(s_i, u_j) + D(i-1, j), & i>0, \ j=0 \\ d(s_i, u_j) + \min\{D(i-1, j-1), D(i, j-1), D(i-1, j)\}, & i>0, \ j>0 \end{cases} \tag{4-58}$$

式中，$d(s_i, u_j) = \| s_i - u_j \|_2$，$s_i$ 和 u_j 表示每一帧语音的 MFCC 特征向量，$D(n-1, m-1)$ 即为相似性度量的结果，当 $\dfrac{D(n-1, m-1)}{\max(m,n)} < \lambda$ 时，匹配成功，λ 可根据实际调试效果进行调整。

匹配成功后，记录该段语音相对于起始音频的帧数，结合音频采集的频率以及起始音频的全局时间，即可获得音频预警时刻。

4.6 运动状态测量技术

IVIS 测评过程中往往需要定义被测车辆或者测评场景中移动目标的运动状态，此外 IVIS 功能的效果往往也可以通过被测车辆的运动状态反映出来，因此对车辆或者测评场景中移动目标的运动状态进行准确测量，一方面能够判断测试过程是否有效，另一方面也可以作为 IVIS 测评的基础参数。运动状态包括速度、姿态、加速度、角速度等。

4.6.1 速度测量

4.6.1.1 基于 GNSS 的速度测量方法

目前，高精度的 GNSS 测速方法主要包括位置差分法和多普勒测速技术，

这两种测速方法都存在各自的优点和缺点，下面分别介绍。

GNSS 位置差分法测速的基础是运动载体的位置，首先要基于 GNSS 定位技术获取运动载体的位置，然后再对位置求解关于时间的微分。该方法原理简单，通俗易懂，但其解算的却是载体在两个历元之间的平均速度，而且速度的精度受位置精度、数据采样率以及动态载体的运动状态等因素的影响[38]。

GNSS 多普勒测速是指采用多普勒观测值依据多普勒观测方程解算的载体速度，可分为相对测速和单站测速。相对测速的原理类似于相对定位，通过参考站和流动站接收到同步数据获取流动站的速度，由于相对测速的基本思路与相对定位一样，站间差分消去或减弱了一些误差，例如，卫星钟速、卫星星历误差、对流层误差、电离层误差等，因此可以实现很高的测速精度[39,40]。

多普勒频移观测值作为接收机的基本观测值之一，常常被用来测量接收机的速度[41]。多普勒频移包括原始多普勒以及导出多普勒两个类型，前者由接收机跟踪环路直接输出，其精度低于导出多普勒，但能够准确地反映接收机瞬时速度；后者通过载波相位观测值计算得到，精度较高，但缺点是利用导出多普勒计算得出的接收机速度为两个观测时刻的平均速度，及时性较差。两类多普勒信息适用于不同场景，在低动态或高频率的测速条件下，导出多普勒测速优于原始多普勒，而由于高动态或低频率时导出多普勒不能及实地反映瞬时速度，此时利用原始多普勒进行测速更为适合，图 4.41 描述了多普勒效应的形成方式。

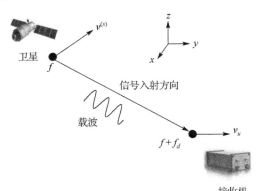

图 4.41 接收机与卫星间多普勒效应示意图

假设卫星信号发射时对应的发射频率为 f，在经过长距离的信号传播后，由于二者之间发生了相对运动，使得接收机接收信号时的实际频率 f_r 与原频

率 f 之间存在偏差，这个频率上的偏差即为多普勒频移 f_d。它们的具体关系如下

$$f_r = f + f_d \tag{4-59}$$

接收机能够利用多普勒频移进行测速的根本原因是多普勒与伪距的变化率之间呈现着线性关系，而伪距变化率又体现着卫星和接收机之间相对速度，将接收机的速度投射至单位观测矢量后，多普勒观测值与其投影量成正向的线性关系。它们的具体关系如下

$$f_d = \frac{(\boldsymbol{v}_u - \boldsymbol{v}^{(s)})\boldsymbol{I}^{(s)}}{\lambda} = -\frac{(\boldsymbol{v}^{(s)} - \boldsymbol{v}_u)\boldsymbol{I}^{(s)}}{\lambda} = -\frac{\dot{r}^{(s)}}{\lambda} \tag{4-60}$$

式中，λ 表示卫星信号的波长，对于特定频段的卫星信号来说，该项为定值，$\dot{r}^{(s)}$ 表示卫星观测矢量长度的变化率，$\boldsymbol{v}^{(s)} = (\dot{x}^{(s)}, \dot{y}^{(s)}, \dot{z}^{(s)})^{\mathrm{T}}$ 表示卫星的运行速度，而 $\boldsymbol{I}^{(s)} = (I_x^{(s)}, I_y^{(s)}, I_z^{(s)})$ 表示卫星 s 的单位观测矢量，以 $I_x^{(s)}$ 为例

$$I_x^{(s)} = \frac{x^{(s)} - x_u}{r^{(s)}} \tag{4-61}$$

当定位结果已知的情况下，$\boldsymbol{I}^{(s)}$ 可作为已知项。由于多普勒频移是接收机提供的观测值，因此式（4-56）中只有接收机速度 $\boldsymbol{v}_u = (\dot{v}_x, \dot{v}_y, \dot{v}_z)^{\mathrm{T}}$ 是待求项，将该公式稍做变形后，联立三个方程即可得到速度结果。但实际情况并非完全如此，因为用该公式得到的观测矢量变化率 $\dot{r}^{(s)}$ 是存在误差的。

将式（4-57）对时间求导，可以得到一个关于观测矢量变化率 $\dot{r}^{(s)}$ 的公式

$$\dot{\rho}^{(s)} = \dot{r}^{(s)} + \delta f_u - \delta f^{(s)} + \dot{I} + \dot{T} + \dot{\varepsilon}_\rho \tag{4-62}$$

式中，伪距变化率存在各种类型的误差项，δf_u 为接收机时钟频漂（即钟差变化率），$\delta f^{(s)}$ 为卫星的时钟频漂，$\dot{I}$ 和 $\dot{T}$ 表示大气延时变化率对伪距变化率的影响，$\dot{\varepsilon}_\rho$ 表示其他未知噪声引起的误差。因此实际上多普勒频移体现的是包含各项误差的伪距变化率 $\dot{\rho}^{(s)}$，即

$$\dot{\rho}^{(s)} = -\lambda f_d \tag{4-63}$$

对于式（4-58），$\dot{I}$ 和 $\dot{T}$ 两项对测速的影响可以忽略不计，考虑卫星钟差项对伪距变化率的影响，可以得到校正后的伪距变化率，即

$$\dot{\rho}_c^{(s)} = -\lambda f_d + c\delta f^{(s)} \tag{4-64}$$

由式（4-56）～式（4-60），可以得到

$$-v_u \boldsymbol{I}^{(s)} + \delta f_u = \dot{\rho}_c^{(s)} - \boldsymbol{v}^{(s)} \boldsymbol{I}^{(s)} - \dot{\varepsilon}_\rho \tag{4-65}$$

在接收机的定位结果已知的情况下，等式右边除了 $\dot{\varepsilon}_\rho$ 无法测定外，都为已知项，等式左边的接收机运行速度 $\boldsymbol{v}_u = (\dot{v}_x, \dot{v}_y, \dot{v}_z)^{\mathrm{T}}$ 和接收机频率漂移 δf_u 为待求项，待求项数量与定位方程组一致，都为四项，相应地也是需要联立四个或四个以上的方程才能得到结果，但和接收机的定位方程组不一样的是该方程组中的未知数不存在二次及二次以上项，因此可以用矩阵相乘的形式表达该方程组

$$\begin{bmatrix} -I_x^{(1)} & -I_y^{(1)} & -I_z^{(1)} & 1 \\ -I_x^{(2)} & -I_y^{(2)} & -I_z^{(2)} & 1 \\ \vdots & \vdots & \vdots & \vdots \\ -I_x^{(N)} & -I_y^{(N)} & -I_z^{(N)} & 1 \end{bmatrix} \cdot \begin{bmatrix} \dot{x}_u \\ \dot{y}_u \\ \dot{z}_u \\ \delta f_u \end{bmatrix} = \begin{bmatrix} \dot{\rho}_c^{(1)} - v^{(1)} I^{(1)} \\ \dot{\rho}_c^{(2)} - v^{(2)} I^{(2)} \\ \vdots \\ \dot{\rho}_c^{(N)} - v^{(N)} I^{(N)} \end{bmatrix} \tag{4-66}$$

4.6.1.2　基于轮速传感器的测量方法

轮速传感器是用来测量汽车车轮转速的传感器。一般来说，所有的转速传感器都可以作为轮速传感器，但是考虑到车轮的工作环境以及空间大小等实际因素,常用的轮速传感器主要有磁电式轮速传感器和霍尔式轮速传感器。

（1）磁电式轮速传感器。

磁电式轮速传感器是利用电磁感应原理设计的。它具有结构简单、成本低、不怕泥污等特点，在现代轿车的 ABS 防抱死制动系统中得到广泛应用。

但是磁电式轮速传感器也有一些缺点：频率响应不高。当车速过高时，传感器的频率响应跟不上，容易产生误信号；抗电磁波干扰能力差，尤其是输出信号振幅值较小时。

（2）霍尔式轮速传感器。

霍尔式轮速传感器利用霍尔效应原理制成，在汽车上也获得了较多应用。霍尔式轮速传感器具有如下特点：输出信号电压振幅值不受转速的影响；频率响应高；抗电磁波干扰能力强。

4.6.2　姿态测量

4.6.2.1　方位角测量

方位角指示了车辆在规定坐标系中行驶时的方向信息，对于基于航位推

算方法进行车辆定位的方式，方位角的估计精度将直接影响定位结果。目前，车辆方位角的估计方法可以分为直接测量法和基于横摆角速度的估计方法。

（1）直接测量法。

电子罗盘和双天线 GNSS 都可以直接测量车辆方位角信息。电子罗盘利用磁传感器感应地球磁场来实现方位角测量[42]，因此电子罗盘测量的方向角实际是相对于地磁北极的夹角，而不是地理北极。尽管一些补偿措施可以用来修正最终的输出结果，但是电子罗盘容易受到外界磁场的影响，实际使用时受限较多。此外，电子罗盘的动态响应性能较差，无法满足车载高机动运行环境的需求。

近年来，双天线 GNSS 为车辆方位角的测量提供了一种较高精度的解决方案[43]，通过在车顶上安装沿车辆纵轴方向的两个 GNSS 天线，可以在开阔地带实现高精度的车辆方位角测量，在基线长度（两个 GNSS 天线之间的距离）为 2m 时，可以达到 0.1°的测量精度。但是其输出结果和 GNSS 的状态有关，在城市环境中受信号遮挡的影响，无法保证方位角测量的准确性和可靠性。

双天线 GNSS 测向时，需要确定天线 1 指向天线 2 的向量方向[44]。当在三维空间中确定此向量方向后，载体的二维姿态（航向角和俯仰角）就完全地确定下来。设天线 1 位于点 A 也就是原点位置，天线 2 位于点 B，其分别对应的坐标为 (x_1, y_1, z_1) 和 (x_2, y_2, z_2)。当解算确定 A、B 两点在 WGS-84 坐标系下的坐标后，由 A 点指向 B 点的向量 $\boldsymbol{AB}$ 分别沿 x、y、z 轴三个方向的分量为

$$\begin{cases} \Delta x = x_2 - x_1 \\ \Delta y = y_2 - y_1 \\ \Delta z = z_2 - z_1 \end{cases} \tag{4-67}$$

由两个天线能够确定载体的航向角和俯仰角。如图 4.42 所示，向量 $\boldsymbol{AB}$ 确定的航向角 φ 为 $\boldsymbol{AB}$ 在 xoy 平面上的投影与 Y 轴的夹角；向量 $\boldsymbol{AB}$ 确定的俯仰角 θ 为 $\boldsymbol{AB}$ 与 xoy 平面的夹角，其计算表达式如下

$$\tan \varphi = \frac{\Delta y}{\Delta x} \tag{4-68}$$

$$\tan \theta = \frac{\Delta z}{\sqrt{\Delta x^2 + \Delta y^2}} \tag{4-69}$$

需要说明的是：在侧向过程中航向角度的变化范围为 0°～360°，俯仰角 θ 的变化范围为 –90°～90°。由地理坐标系的定义知道 x 轴指向正东方，其又被

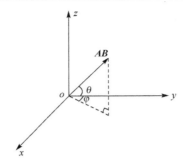

图 4.42　向量的姿态

称为东北天坐标系,所以偏航角也可看成向量或载体与正东方的夹角。这样,通过坐标变化以及基线向量的三维空间处理,只要确定了两个天线的空间坐标,就能够很方便地计算出向量的航向角和俯仰角。由此可知,如何快速准确地得到两个天线的坐标是研究的重点问题。而为了得到天线坐标,除了利用解算出的卫星坐标,核心的问题就是确定天线分别到多颗观测卫星的距离。

(2)基于道路方位角的估计方法。

增强型数字地图在传统数字地图的基础上拓展了道路方向信息,可以通过地图匹配获得当前行驶道路的方向。将车辆方向与道路方向夹角信息和当前道路方向信息结合,就可以得到车辆当前的方位角信息。而车辆方向与道路方向夹角信息可以基于深度学习算法建立的方位角相关信息智能感知模型,以视觉传感器采集的车辆前方图像信息为输入,估计出当前车辆行驶方向与道路方向的夹角[45]。该方法借鉴人工智能和数字地图领域的最新发展,具有受环境影响小、不存在累积误差、成本较低的特点,可以在一定程度上解决城市环境中车辆方位角估计难题,所采用的方案如图 4.43 所示。

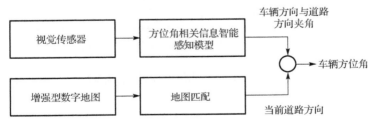

图 4.43　车辆方位角智能化估计方案

使用该方法进行方位角估计时没有迭代过程,因此估计结果中不存在累积误差。在方位角相关信息智能感知模型的训练样本足够充分时,该方法受天气和环境的影响也较小,可靠性较高。此外,随着行车记录仪以及辅助驾驶设备的普及，视觉传感器也几乎成为民用车辆的标配，而且增强型数字地图属于软件设备，不会增加硬件成本，因此该方法还具有成本低的特点。

综合该方法的估计过程来看，主要受以下三方面因素影响：①地图匹配算法的精度；②方位角相关信息智能感知模型的估计精度；③增强型数字地图中道路方向信息的准确性。

目前，地图匹配算法的研究已经较为成熟，常用的算法包括基于最短投影距离的方法、基于代价函数的方法以及基于 D-S 证据理论的方法等[46,47]，这些方法都可以在定位结果较准时得到较好的匹配效果。方位角相关信息智能感知模型基于深度学习算法建立，由于其结构具有多样性和非通用性，所以针对本方法的目标还需要进行深入研究。增强型数字地图由于所需的数据源较多，制作过程较为复杂，目前尚没有统一的建立方法和依据，也需要根据本方法的需求进行设计。

1）方位角相关信息智能感知模型建立

方位角相关信息智能感知模型包括基于 CNN 的特征提取模型和非线性回归模型两部分，其结构如图 4.44 所示。

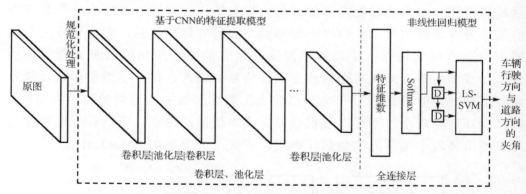

图 4.44　基于深度学习的方位角相关信息智能感知模型结构

建立上述基于深度学习的方位角相关信息智能感知模型主要包含三个子步骤。

（1）图像预处理。

将输入的图像进行规范化处理，得到大小为 $W \times H$ 尺寸的图像，并对图像像素进行归一化处理。避免使用不同尺寸的图像作为输入时会产生模型不匹配的问题。

（2）基于 CNN 的特征提取模型建立。

采用多层 CNN 进行图像特征提取。多层 CNN 结构借鉴了人类视觉系统的工作原理，即首先检测横线、竖线、斜线等具有方向性的基本物体边缘，然后将若干个边缘组合成表示部分物体的高一级特征，最后再综合检测到的部分物体进行整个物体的识别与判断。每一层 CNN 都可以提取出相比于上一层更高级的特征。本方法设计的基于 CNN 的特征提取模型包含 3 个卷积层、3 个池化层和 2 个全连接层。

本模型中包含两个全连接层：第一个全连接层的神经元个数为 128，对卷积层和池化层提取的图像特征进行第一次综合，激活函数选择为 ReLU；第二个全连接层为特征提取模型的最终输出，也就是特征提取模型所获得的车辆行驶方向与道路方向夹角的高级特征。理论上每个不同的 ΔH 值都对应一种高级特征，但是为了减小高级特征的数量，本模型将一定范围内的 ΔH 表示成一类特征，从而将高级特征的提取问题近似转化为 CNN 善于解决的分类问题。根据实际情况中车辆行驶过程可能出现的状况将 ΔH 的总范围定义为 $[-\pi/2, \pi/2]$。对 ΔH 的范围进行划分时，常规方法是进行线性化划分，即每类高级特征包含的 ΔH 跨度相同，但是考虑到车辆在行驶过程中大部分情况下 ΔH 较小，只有在极端情况下才会出现 ΔH 为 $-\pi/2$ 或 $\pi/2$。为了在 ΔH 较小时获得更好的特征表达，本模型采用非线性方式来划分 ΔH 的范围，即在 ΔH 较小时范围划分得密，较大时范围划分得疏。综合考虑特征提取模型的复杂度和特征表达的需求，最终确定九类高级特征，并用不同的数字标号来表示不同的高级特征。高级特征标号及对应的 ΔH 范围如表 4.5 所示。

表 4.5　高级特征标号及对应的 ΔH 范围

高级特征符号	ΔH 范围	
	角度制	弧度制
0	$[-90°, -55°]$	$[-\pi/2, -11\pi/36]$
1	$[-55°, -30°]$	$[-11\pi/36, -\pi/6]$
2	$[-30°, -15°]$	$[-\pi/6, -\pi/12]$
3	$[-15°, -5°]$	$[-\pi/12, -\pi/36]$
4	$[-5°, 5°]$	$[-\pi/36, \pi/36]$
5	$[5°, 15°]$	$[\pi/36, \pi12]$
6	$[15°, 30°]$	$[\pi/12, \pi/6]$
7	$[30°, 55°]$	$[\pi/6, 11\pi/36]$
8	$[55°, 90°]$	$[11\pi/36, \pi/2]$

　　(3) 非线性回归模型建立。

　　图像的高级特征提取出来后，采用泛化性能好的最小二乘支持向量机 (Least Squares Support Vector Machine，LS-SVM) 建立非线性回归模型。LS-SVM 算法在继承 SVM 优点的同时，用误差的二范数代替 SVM 中的不敏感损失函数，用等式约束代替 SVM 中的不等式约束，从而将一般 SVM 中求解凸二次规划问题转化为线性方程组求解问题，降低了算法复杂度[48,49]。

　　基于深度学习的方位角相关信息智能感知模型建立完成后，需要制作样本数据对其进行训练，为了保证 ΔH 的估计效果，训练样本应包含不同运行环境以及对应各类高级特征的数据。训练完成后，所建立的方位角相关信息智能感知模型可以在车辆行驶过程中根据当前拍摄的图像信息估计 ΔH 值。

　　2) 包含道路方向信息的增强型数字地图建立

　　相比于普通数字地图，本方法所需建立的增强型数字地图加入了道路方向信息的属性。由于道路方向的输出由地图匹配后的结果决定，为了避免地图自身精度不足引起的匹配误差而导致输出错误的道路方向信息的问题，数字地图自身应具有较高的精度。但是高精度数字地图所涉及的内容和元素繁多，数据量大，影响地图匹配的效率。为了同时兼顾地图精度和数据量，将多车道道路以及双向通行道路均简化为一个车道，即用单根线来表示地图中的道路。高精度数字地图中通常每个车道都需要由一条线来表示，但是考虑到本方法中增强型数字地图主要用于输出道路方向信息，车道信息并非必需，且多车道之间具有平行关系，其道路方向相同。双向通行的道路虽然具有两个道路方向，但由于这两个方向相反，只需知道其中一个方向，就可以推算出另一个。因此，将多车道道路以及双向通行道路进行简化，在不影响道路方向输出的同时，可以大幅降低数字地图的数据量。

　　为了保证数字地图的精度，用于建立地图的原始道路位置信息应具有较高的精度。需要指出的是，为了保证道路方向信息的连续性，每条道路的信息采集及制作过程是独立进行的，即在地图上显示的不同道路之间是不存在交叉信息的。每条道路的制作过程如图 4.45 所示。其过程与 4.2.1 节中增强型数字地图的构建过程类似，只是加入了利用位置信息解算道路切线方向的部分，故不再赘述。

图 4.45　包含道路方向信息的增强型数字地图制作流程

上述过程完成了增强型数字地图中单条道路的制作，具有较高的精度和较低的数据量，可以满足车辆方位角估计的需求。当所需建立的增强型数字地图包含多条道路，只需重复上述过程即可完成。需要指出的是，增强型数字地图只有节点处的道路方向信息，在实际使用过程中，可以利用插值的方法得到道路上任意点的方向信息，同时考虑到建立增强型数字地图时所使用的原始位置信息点之间的距离不大于 1m，即地图匹配结果与最近道路节点的方向信息差值也较小，因此也可以在地图匹配完成后找出与该点距离最近的道路节点，并以此节点的道路方向作为当前位置的道路方向信息。将增强型数字地图通过地图匹配获得的道路方向信息与利用基于深度学习算法的方位角相关信息智能感知模型得到的车辆行驶方向与道路方向夹角信息相结合，就可以得到车辆当前的方位角信息。

4.6.2.2　侧倾角测量

车辆侧倾角是车辆控制、辅助安全驾驶的重要基础，其实时测量在车辆控制、辅助安全驾驶中都有重要的应用。目前，普遍使用加速度计、陀螺仪等惯性传感器组合测量的方式来估测车辆侧倾角[50]，这种方法通过惯性传感器获得到基础加速度、角速度等数据，结合车辆运动的数学模型，能够很方便地估测车辆运动时的侧倾角。

侧倾角测量的方法主要有以下几种。

(1)利用加速度计和陀螺仪组成捷联式惯性导航系统，根据载体的线性加速度和角速率信息，由初始状态推算出载体的姿态角。该方法在使用高精度的陀螺仪时才具有很高的精度，且价格昂贵、结构复杂、误差会随时间积累。

车辆在行驶过程中的加速度一般远小于重力加速度，则加速度计测量值与重力加速度的关系如图 4.46 所示。因此，可以利用加速度计进行车辆姿态角估计，避免累积误差。

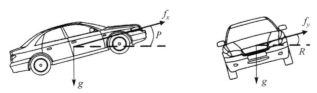

图 4.46　基于加速度计的车辆俯仰角和侧倾角解算方法示意图

由图可知，车辆俯仰角和侧倾角的计算公式可以表示为

$$\begin{cases} P = \arcsin\left(\dfrac{\dot{v}_x - f_x - \omega_z v_y}{g}\right) \\[4mm] R = \arcsin\left(\dfrac{f_y - \omega_z v_x - \dot{v}_y}{g\cos P}\right) \end{cases} \tag{4-70}$$

式中，f_x、f_y可以分别由两个水平加速度计测量得到，v_x、v_y、ω_z分别为车辆的纵向速度、横向速度和横摆角速度，$\dot{v}_x$、$\dot{v}_y$可以通过分别对v_x、v_y进行求导获得。由式(4-66)可知，P和R的计算过程考虑了车辆自身加速度以及横摆角速度等影响因素，估计精度可以在一定程度上得到提高。

(2)利用载波相位进行载体的姿态测量，通过对安装在载体上的多个天线测得的载波相位信息进行差分处理，实现载体姿态的实时测量。该方法避免了累积误差，但是易受外界环境干扰。

与双天线测向原理类似，采用 3 根天线时，组成 2 条独立的基线，其中基线 12 用于测定偏航角和俯仰角，基线 13 用于测定横滚角，天线 1、2、3 在 xoy 平面内，且知基线 12 和基线 13 的夹角为 α，可以精确测定。用前述两天线测姿的公式可以确定偏航角和俯仰角。通过求出天线 3 的水平坐标系到载体坐标系转换矩阵，从而得到横滚角，如图 4.47(b)所示。

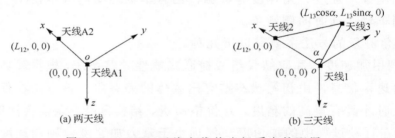

图 4.47　GNSS 天线在载体坐标系中的配用

4.6.3　其他运动状态参数测量

4.6.3.1　横摆角速度测量

汽车在行驶过程中的横摆角速度是汽车主动安全控制、汽车故障诊断和汽车试验的必要因素。除了在车辆质心处直接加装沿车辆垂向的陀螺仪外，用于横摆角速度估计的传感器配置方案如表 4.6 所示。

表 4.6　横摆角速度估计用传感器配置方案

序号	配置方案
1	质心处安装一个侧向加速度传感器[51]
2	前后轴分别安装一个侧向加速度传感器[52]
3	四轮轮速信号[53]
4	四轮轮速信号+质心处侧向加速度传感器[54]

　　方案 1 和方案 2 分别采用一个和两个侧向加速度传感器配置作为自适应卡尔曼滤波器或龙贝格观测器的测量值来估计车辆的横摆角速度，估计效果一般。方案 3 给出了基于内外轮速差的运动学关系来计算横摆角速度的方法，适合于弱制动/弱驱动工况。方案 4 给出了四轮轮速信号+质心处侧向加速度传感器的配置来估计横摆角速度，根据非驱动轮轮速和质心处的侧向加速度分别计算并按照行驶状态进行加权计算，比方案 3 能适应更多的行驶工况。

　　此外，还可以基于车辆动力学模型估计横摆角速度，参考式(4-27)，将式(4-28)和式(4-29)代入式(4-27)可得

$$\dot{\omega}_z = \frac{\beta_4}{v_x}v_y + \frac{\beta_5}{v_x}\omega_z + \beta_6\delta_f \tag{4-71}$$

式中，$\beta_4 = \frac{2(C_{ar}b - C_{af}a)}{I_z}$；　$\beta_5 = \frac{-2(C_{af}a^2 + C_{ar}b^2)}{I_z}$；　$\beta_6 = \frac{2C_{af}a}{I_z}$。

　　式(4-67)即为车辆横摆角速度的估计模型。

4.6.3.2　侧向加速度测量

　　侧向加速度是影响车辆运行安全的重要参数之一，过大的侧向加速度会导致车辆发生侧翻现象。因此，车辆侧向加速度的实时、准确获取对于智能驾驶车辆测试评价具有重要作用。车辆的侧向加速度一般采用沿车辆横轴安装的加速度计进行测量，其测量值中一般包含不同等级的噪声，需要进行滤波降噪处理，才可用于测评分析。

　　卡尔曼滤波以线性最小方差估计理论为基本依据，通过递推算法，从与被提取信号有关的测量中估算出所需的信号[55,56]。在整个工作过程中，卡尔曼滤波算法主要利用了系统的状态方程、量测方程、白噪声激励的统计特性和量测误差的统计特性等四类信息。

　　卡尔曼滤波的具体算法如下。

(1)建立状态方程和量测方程。

$$x(k+1) = A(k)x(k) + B(k)u(k) + w(k) \tag{4-72}$$

$$y(k) = H(k)x(k) + v(k) \tag{4-73}$$

式中，$x(k)$ 为 $[a_y]$；A 阵为状态转移矩阵，考虑到加速度计采样频率一般较高，可以认为短时间内车辆的侧向加速度变化较小，即 A 阵为单位阵；B 为外输入矩阵，此处无外输入量，即 B 阵为 0；H 为观测矩阵，由于观测量为加速度计的测量值，因为 H 阵也为单位阵；w 为系统激励噪声；v 为量测噪声；对传统卡尔曼滤波而言，w 和 v 应为相互独立的白噪声。

(2)卡尔曼滤波递推。

传统卡尔曼滤波算法如下

$$\hat{x}(k|k-1) = A(k-1)\hat{x}(k-1) \tag{4-74}$$

$$P(k|k-1) = A(k-1)P(k-1)A^{\mathrm{T}}(k-1) + Q(k-1) \tag{4-75}$$

$$K(k) = P(k|k-1) + H^{\mathrm{T}}(k)[H(k)P(k|k-1)H^{\mathrm{T}}(k) + R(k)]^{-1} \tag{4-76}$$

$$\hat{x}(k) = \hat{x}(k|k-1) + K(k)\big[y(k) - H(k)\hat{x}(k|k-1)\big] \tag{4-77}$$

$$P(k) = [I - K(k)H(k)]P(k|k-1) \tag{4-78}$$

式中，Q 为系统激励噪声 $w(k)$ 的协方差矩阵；R 为量测噪声 $v(h)$ 的协方差矩阵。

通过迭代滤波后，就可以在一定程度上消除加速度计的噪声，从而得到精度较高的侧向加速度值。

4.6.3.3 质心侧偏角测量

质心侧偏角是评价车辆稳定性重要参数之一[57]。研究表明，随着质心侧偏角的增大，横摆力矩的减少主要是后轮侧偏特性趋于饱和引起的。这种在大侧偏角时呈现出的不稳定现象称为"发飘"。当轮胎与路面摩擦系数减小，横摆力矩随质心侧偏角增加而迅速趋于恒定值，也就是说路面摩擦系数越低，质心侧偏角对稳定性的影响越敏感，所允许的最大的质心侧偏角也越小，驾驶员通过方向盘操纵来产生横摆力矩将越来越困难。因此，在低附着系数路面上更应该严格限制车辆的质心侧偏角，才能不使车辆失稳。这也是将质心侧偏角选为稳定性控制系统控制变量的一个重要原因。

　　针对质心侧偏角的参数测量，在直接测量方面，困难度较大，目前只能通过非接触式的光学传感器进行，例如，可同时使用多普勒效应测量法和绝对测量法的 Kistler Correvit S-HR 双轴光学传感器。但该传感器在车辆速度小于 15km/h 以下时精度不足，并且最大可测量的侧偏角为 20°。同时其成本高，对运行环境要求高。该传感器主要用于路面条件较好的平整路面上，尚不满足智能车路系统中高精度、多工况的测试需求。

　　在间接测量方面，主要分为基于运动学和基于动力学的估计方法。基于运动学的估计方法一般忽略车辆纵向加速度的影响，利用车辆质心侧偏角速度和纵向车速、侧向加速度、横摆角速度、道路坡度之间的运动学关系，对车辆参数、轮胎条件和驾驶操作具有较强的鲁棒性[58]。也可以利用积分法求取质心侧偏角，并利用道路坡度信息、侧向加速度信息对质心侧偏角进行补偿[59]。但是，多数文献都提及由于加速度计和陀螺仪存在偏移误差，基于运动学方法质心侧偏角估计容易产生漂移，并且随着时间的推移，质心侧偏角估计值的积分累积误差会不断增大。

　　基于动力学的车辆质心侧偏角估计方法多采用粒子滤波估计、滑模估计、卡尔曼滤波估计等最优状态估计方法实现估计。

　　车辆质心侧偏角测量也可以和其他关键基础参数联合估计，实现高精度估计。例如，质心侧偏角测量可以和方位角联合估计[60]。由车辆动力学模型可知，车辆质心侧偏角 β 为

$$\beta = \arctan\left(\frac{v_y}{v_x}\right) \tag{4-79}$$

　　根据安装于车辆质心位置的惯性传感器测量值与欧拉角的运动学关系并忽略地球自转的影响，车辆纵向加速度、横向加速度和横摆角度可以表示为

$$\begin{cases} a_{x\_m} = \dot{v}_x + v_y \cdot \omega_z + b_x + w_{ax} \\ a_{y\_m} = \dot{v}_y - v_x \cdot \omega_z + g\sin\phi + b_y + w_{ay} \\ \omega_{z\_m} = \omega_z + b_r + w_{r_z} \end{cases} \tag{4-80}$$

式中，w_{ay} 表示横向加速度计的高斯白噪声，b_y 是其常值偏差，且

$$b_y = 0 \tag{4-81}$$

　　状态方程可以表示为

$$X(k) = \{f(X(k-1)), U(k-1), W(k-1), \gamma(k-1)\} \tag{4-82}$$

式中，X 和 U 分别表示状态和外输入向量，W 和 γ 是相应的系统和输入噪声向量，$f(\cdot)$ 是非线性的系统方程，可由式 (4-76) 获得。X、U、W 和 γ 可以分别表示为

$$X = [v_x \quad b_x \quad v_y \quad b_y \quad \psi \quad b_r]^T$$
$$U = [a_{x\_m} \quad a_{y\_m} \quad \omega_{z\_m}]^T$$
$$W \sim N(0, Q), \quad \gamma \sim N(0, \Gamma)$$

观测量包含两部分，第一部分是 GNSS 输出的航向角和航迹角。

GNSS 输出的航向角为

$$\psi_{G\_Y} = \psi + v_{\psi Y} \tag{4-83}$$

式中，ψ_{G_Y} 是双天线 GNSS 输出的航向角，$v_{\psi Y}$ 是其高斯白噪声。

此外，与单天线 GNSS 类似，双天线 GNSS 也可以输出车辆的航迹角，即

$$\psi_{G\_C} = \psi + \beta + v_{\psi C} \tag{4-84}$$

式中，ψ_{G_C} 和 $v_{\psi C}$ 分别表示双天线 GNSS 输出的航迹角及其测量噪声。

观测方程可以表示为

$$Z_1 = h_1(X_1) + n_1 \tag{4-85}$$

式中

$$Z_1 = [\psi_{G\_Y} \quad V_{GNSS} \quad \psi_{G\_C}]^T$$
$$h_1(X_1) = \left[\psi \quad \sqrt{v_x^2 + v_y^2} \quad \psi + \arctan(v_x / v_y)\right]^T$$
$$n_1 = [v_{\psi Y} \quad v_{V_{GNSS}} \quad v_{\psi C}]^T$$

式中，V_{GNSS} 表示双天线 GNSS 测量的车辆水平速度，即 $V_{GNSS} = \sqrt{v_x^2 + v_y^2}$；$n_1$ 是协方差矩阵 $R_1 = \text{diag}(\sigma_{\psi_{G\_Y}}^2, \sigma_{V_{GNSS}}^2, \sigma_{\psi_{G\_C}}^2)$ 的观测噪声向量。

第二部分观测向量为车辆的纵向和横向速度，观测方程为

$$Z_2 = h_2(X_2) + n_2 \tag{4-86}$$

式中，$Z_2 = [\hat{v}_x \quad \hat{v}_y]^T$，$h_2(X_2) = [v_x \quad v_y]^T$，$n_2$ 是其噪声向量。

由于观测方程是非线性的，所以需要使用非线性滤波方法，例如，EKF、UKF 进行递推计算，从而得到高精度的质心侧偏角估计值。

4.7　车辆控制状态测量技术

车辆控制信号包括方向盘、油门、刹车、档位等，控制信号可以反映被测车辆行为是否正常，也可用于判断被测车辆执行部件的效能。IVIS 中智能车辆一般已经线控化，可以通过车身 CAN 总线读取车辆控制状态。对于未线控化的车辆，可以通过在控制部件上加装相应的传感器实现控制状态的采集。对于方向盘信号可以加装方向盘转角传感器，对于踏板信号可以加装踏板力传感器。

4.7.1　基于 CAN 总线的控制状态采集

在当今汽车应用领域，车内 ECU 可能多达 70 个，除了引擎控制单元外，还存在传动控制、安全气囊、ABS、巡航控制、EPS、音响系统、门窗控制和电池管理等模块，虽然某些模块是单一的子系统，但是模块之间的互连依然非常重要[61]。例如，有的子系统需要控制执行器和接收传感器反馈，CAN 总线可以满足这些子系统数据传输的需求。汽车内子模块的总线互连架构使得软件可以更轻易地实现安全、经济和便利等新特性，相比传统汽车网络架构中模块单元直接连接更加经济。CAN 总线实现汽车内互连系统由传统的点对点互连向总线式系统的进化，大大降低汽车内电子系统布线的复杂度。

车辆 CAN 总线示意图如图 4.48 所示，车辆的方向盘、油门、刹车、档位等信息都可以通过 CAN 总线获取。

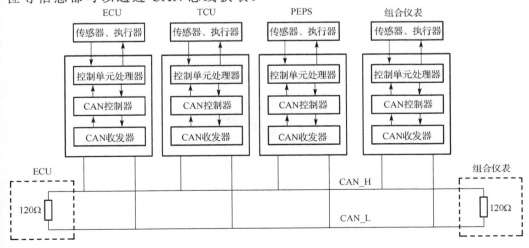

图 4.48　车辆 CAN 总线示意图

一般通过车辆的 OBD 接口可以连接到车辆 CAN 总线，但是需要知道车辆 CAN 总线的协议才能获取所需的信息，在无法得知 CAN 总线协议的情况下，就需要安装外部传感器。

4.7.2　方向盘信号采集

可以在车辆方向盘上加装方向盘传感器采集转角信号，如图 4.49 所示。

图 4.49　方向盘转角传感器

其内部核心为高精度光电编码器，一端与方向盘转轴连接，另一端与方向盘传感器外壳连接。试验时，方向盘传感器转轴通过传感器夹爪与方向盘固定，方向盘外壳通过洗盘固定件与车窗固定，这样就保证方向盘转动角度过程中相对于车窗的静止位置输出角度信号[62]。编码器的角度信号可以实时通过串口或 CAN 总线接口输出至外部采集装置。

4.7.3　踏板信号采集

可以在车辆油门或刹车踏板上加装踏板力传感器采集踏板信号，如图 4.50 所示。

图 4.50　踏板力传感器

　　将踏板力传感器安装在需要测量信号的踏板上，就可以通过外部接口获取踏板力信息。其原理一般是利用应变测量原理，将驾驶员作用于踏板上的力转换成电信号，由单片机和程控放大器、可编程增益放大器及 A/D 转换器，构成高精度智能测量电路，以实现对踏板力的测量[63]。

参 考 文 献

[1] 徐怡山，陶克，贺鹏. NTP 时间同步性能研究. 三峡大学学报: 自然科学版，2004，26(6): 3.

[2] 黄琳，马文杰，李国军，等. 基于 GNSS 的通信星座系统的时间同步研究. 航天器工程，2010，(6): 8.

[3] 卢祥弘，陈儒军，何展翔. 基于 FPGA 的恒温晶振频率校准系统的设计. 电子技术应用，2010，(7): 4.

[4] 李旭. 自主车辆多传感器导航与横向鲁棒控制的研究. 南京: 东南大学，2006.

[5] Tabata K, Kishi Y, Konishi S, et al. A study on the autonomous network synchronization scheme for mesh wireless network//PIMRC IEEE on Personal, Indoor and Mobile Radio Communications, 2003.

[6] Zhang T, Yang D, Li T, et al. An improved virtual intersection model for vehicle navigation at intersections. Transportation Research Part C Emerging Technologies, 2011, 19(3): 413-423.

[7] Wen L H, Jo K H. Vehicle localization and navigation on region with disappeared lane line marking//IEEE/SICE International Symposium on System Integration, 2016: 792-796.

[8] Naumann M, Hellmund A M. Multi-drive road map generation on standardized high-velocity roads using low-cost sensor data//The 19th IEEE International Conference on Intelligent Transportation Systems, 2016: 113-120.

[9] Mechat N, Saadia N, M'Sirdi N K, et al. Lane detection and tracking by monocular vision system in road vehicle//The 5th International Congress on Image and Signal Processing, 2013: 1276-1282.

[10] 刘健，刘高峰. 高斯-克吕格投影下的坐标变换算法研究. 计算机仿真，2005，22(10): 119-121.

[11] Li J C, Liu C Z, Yi Y Q. C2 continuous quintic Cardinal spline and Catmull-Rom spline with shape factors. Journal of Computer-Aided Design and Computer Graphics, 2016.

[12] Besl P J, Mckay N D. A method for registration of 3-D shapes. IEEE Transactions on Pattern Analysis and Machine Intelligence, 1992, 14(2): 239-256.

[13] Pomerleau F, Colas F, Siegwart R. A review of point cloud registration algorithms for mobile robotics. Foundations and Trends in Robotics, 2015, 4(1): 1-104.

[14] Censi A . An ICP variant using a point-to-line metric//The IEEE International Conference on Robotics and Automation, 2008.

[15] Magnusson M. The three-dimensional normal-distributions transform: an efficient representation for registration, surface analysis, and loop detection. Örebro: Örebro University, 2009.

[16] Kim G, Kim A. Scan context: Egocentric spatial descriptor for place recognition within 3D point cloud map//IEEE/RSJ International Conference on Intelligent Robots and Systems (IROS), 2018.

[17] Shan T, Englot B. Lego-loam: Lightweight and ground-optimized lidar odometry and mapping on variable terrain//IEEE/RSJ International Conference on Intelligent Robots and Systems (IROS), 2019.

[18] Wilamowski B M, Yu H. Improved computation for Levenberg-Marquardt training. IEEE Transactions on Neural Networks, 2010, 21(6): 930-937.

[19] Moore A W. An intoductory tutorial on kd-trees. Citeseer, 1991.

[20] 仝杰, 刘轶, 钱德沛, 等. 支持性能测量的无线传感器网络实验床技术研究. 高技术通讯, 2009, 19(8): 778-784.

[21] 喻柳. 无线传感器网络的链路质量研究. 长沙: 湖南大学, 2013.

[22] 李承昱, 蔡赫秦. 在无线通信系统中由 V2X 终端执行的 V2X 通信执行方法以及使用该方法的终端: CN201880026790. 7. 2019-12-17.

[23] 张小珑, 石志东, 房卫东, 等. 无线传感器网络能量有效性的评估指标分析. 计算机应用与软件, 2016, (2): 84-88.

[24] 刘勇, 孙宁伟. IP 组播性能评价指标测试方法研究. 网络安全技术与应用, 2017, (3): 33-34.

[25] 中国汽车技术研究中心有限公司. 车联网网络安全白皮书(2020). 中国信息安全, 2020.

[26] 邹雪城, 余悦敏, 张明宇, 等. 基于 SAE J3061 的车载 T-BOX 信息安全策略. 华中科技大学学报(自然科学版), 2019, 47(9): 55-59.

[27] 刘瑞琴. 车联网信息安全与隐私保护机制研究. 成都: 电子科技大学, 2018.

[28] 彭旭飞, 侣荣, 李立功, 等. 导航与定位中 RTK 技术研究. 测绘与空间地理信息, 2019, 42(1): 116-118, 122.

[29] 高星伟, 过静珺, 秘金钟, 等. GPS 网络差分方法与实验. 测绘科学, 2009, 34(5): 52-54, 41.

[30] Beal C E, Gerdes J C. Model predictive control for vehicle stabilization at the limits of handling. IEEE Transactions on Control Systems Technology, 2013, 21(4): 1258-1269.

[31] Arioui H, Hima S, Nehaoua L, et al. From design to experiments of a 2-DOF vehicle driving simulator. IEEE Transactions on Vehicular Technology, 2011, 60(2): 357-368.

[32] Bevly D M, Ryu J, Gerdes J C. Integrating INS sensors with GPS measurements for continuous estimation of vehicle sideslip, roll, and tire cornering stiffness. IEEE Transactions on Intelligent Transportation Systems, 2006, 7(4): 483-493.

[33] Tseng H E, Li X, Hrovat D. Estimation of land vehicle roll and pitch angles. Vehicle System Dynamics, 2007, 45(5): 433-443.

[34] 张勇刚, 李宁, 奔粤阳. 最优状态估计: 卡尔曼, H_∞ 及非线性滤波. 北京: 国防工业出版社, 2013.

[35] 李庆华. H_∞ 滤波理论在多传感器信息融合状态估计中的应用研究. 济南: 山东大学, 2009.

[36] 陈丽芳, 刘渊, 须文波. 改进的归一互相关法的灰度图像模板匹配方法. 计算机工程与应用, 2011, 47(26): 181-183.

[37] 油丽娜. 孤立词语音识别算法研究与实现. 青岛: 青岛大学, 2013.

[38] 杨龙, 刘焱雄, 周兴华, 等. GPS 测速精度分析与应用. 海洋测绘, 2007, (2): 26-29.

[39] Freda P, Gaglione S, Troisi S, et al. Time-differenced carrier phases technique for precise GNSS velocity estimation. GPS Solutions, 2015, 19(2): 335-341.

[40] Wang Q X, Xu T H. Combining GPS carrier phase and Doppler observations for precise velocity determination. Science China-Physics Mechanics and Astronomy, 2011, 54(6): 1022-1028.

[41] 杜朝阳. GNSS 接收机多普勒测速优化技术研究. 哈尔滨: 哈尔滨工程大学, 2020.

[42] 李智, 李翔. 基于椭球假设的三轴电子罗盘罗差补偿研究. 仪器仪表学报, 2011, 32(10): 2210-2215.

[43] Wu Z, Yao M, Ma H, et al. Low-cost antenna attitude estimation by fusing inertial sensing and two-antenna GPS for vehicle-mounted satcom-on-the-move. IEEE Transactions on Vehicular Technology, 2013, 62(3): 1084-1096.

[44] 张康, 郝金明, 叶险峰, 等. 一种适用于 GPS / BDS 多天线姿态测量的平差方法. 导航定位学报, 2016, 4(3): 58-63.

[45] 徐启敏. 城市环境下车辆智能融合定位技术研究. 南京: 东南大学, 2018.

[46] 滕志军, 曲兆强, 郭素阳, 等. 基于多属性融合策略的车载导航地图匹配算法. 江苏大学学报(自然科学版), 2018, 39(1): 14-18.

[47] 李洋. 地图信息识别和地图匹配算法的研究. 北京: 北京交通大学, 2013.

[48] Wang H, Hu D. Comparison of SVM and LS-SVM for regression//International Conference on Neural Networks and Brain, 2005, 1: 279-283.

[49] Hacib T, Bihan Y L, Smail M K, et al. Microwave characterization using ridge polynomial neural networks and least-square support vector machines. IEEE Transactions on Magnetics Mag, 2011, 47(5): 990-993.

[50] 米刚, 田增山, 金悦, 等. 基于 MIMU 和磁力计的姿态更新算法研究. 传感技术学报, 2015, 28(1): 43-48.

[51] Cherouat H, Braci M, Diop S, et al. Vehicle velocity, side slip angles and yaw rate estimation//Proceedings of the IEEE International Symposium on Industrial Electronics, 2005, 1: 349-354.

[52] Best M C, Gordon T J, Dixon P J. An extended adaptive Kalman filter for real-time state estimation of vehicle handling dynamics. Vehicle System Dynamics, 2000, 34(1): 57-75.

[53] Chee W S. Yaw rate estimation using two 1-axis accelerometers//Proceedings of the American Control Conference, 2005, 1: 423-428.

[54] Haudum M, Edelmann J, Plochl M, et al. Vehicle side-slip angle estimation on a banked and low-friction road. Proceedings of the Institution of Mechanical Engineers Part D-Journal of Automobile Engineering, 2017, 232(12): 1584-1596.

[55] 宗长富, 潘钊, 胡丹, 等. 基于扩展卡尔曼滤波的信息融合技术在车辆状态估计中的应用. 机械工程学报, 2009, 45(10): 272-277.

[56] Wang M M, Tayebi A. Nonlinear state estimation for inertial navigation systems with

intermittent measurements. Automatica, 2020, 122(4): 1-15.

[57] Nguyen B M. Lateral stability control of electric vehicle based on disturbance accommodating Kalman filter using the integration of single antenna GPS receiver and yaw rate sensor. Journal of Electrical Engineering and Technology, 2013, 8(4): 899-910.

[58] Piyabongkarn D, Grogg J A, Lew J Y, et al. Development and experimental evaluation of a slip angle estimator for vehicle stability control. IEEE Transactions on Control Systems Technology, 2008, 17(1): 78-88.

[59] Chung S, Lee H. Vehicle sideslip estimation and compensation for banked road. International Journal of Automotive Technology, 2016, 17(1): 63-69.

[60] Li X, Chan C Y, Wang Y. A reliable fusion methodology for simultaneous estimation of vehicle sideslip and yaw angles. IEEE Transactions on Vehicular Technology, 2015, 65(6): 4440-4458.

[61] 张士英. 汽车运用 CAN 总线技术的分析. 黑龙江科技信息, 2017, (9): 3.

[62] 杨财, 周艳霞. 方向盘转角传感器研究进展. 传感器与微系统, 2007, 26(11): 4.

[63] 金伟明. 汽车踏板力传感器设计. 传感技术学报, 2001, 14(3): 4.

第5章　智能车路系统场地测评方法

5.1　国内外测试场地介绍

随着互联网、人工智能等技术的发展，传统汽车行业正经历着向智能化和网联化的转变。智能车路系统的发展能够提高交通效率，解决能源短缺、环境污染、交通拥堵等难题。作为评价和检验汽车质量和性能的智能车路系统试验场，也必将成为其配套体系发展的重点。

无论计算机模拟功能多么强大，也无法完全代替真实测试。通常汽车通过在试验场进行道路试验，针对汽车性能进行综合测试，进而考核评价汽车质量。

传统汽车试验场是整车道路试验的场所，能帮助重现汽车使用过程中遇到的各种道路条件。其主要任务是鉴定汽车产品质量、研发认证新产品、提供路谱采集条件、研究汽车法规标准等，因此会针对汽车动力传动性、疲劳耐久、振动噪声、操纵稳定性等方面进行测试，考核车辆与道路之间的相互作用力。

基于传统汽车试验场的发展现状，结合汽车试验的标准法规，可知目前影响传统汽车试验场建设的主要因素有两个方面。

(1)场地选址：注重试验的保密性、场地的便利性、环境气候的适宜性，选址应靠近山区丘陵，避免使用膨胀土等。

(2)道路设计：主要分为两部分，一是可靠性试验道路，包括高速跑道、强化坏路、山路、一般公路、越野路；二是专项试验设施，包括标准坡道、综合性能试验路、操稳性测试广场、车外噪声测试广场、制动防抱死测试路、通过性试验路、灰尘洞、淋雨室、盐水槽等。

传统汽车试验场对于汽车综合性能等测试评价起着重要作用，因此，建设要求十分严格，不同于一般高速公路工程，它是由人、车、路和环境组成的完整闭环系统，具有技术标准高、施工难度大、建设周期长和项目管理难等特点。

　　然而并不是所有传统汽车试验场都能满足智能车路系统的测试评价。智能车路系统需要在专属的场地进行测试，其建设应区别于传统汽车试验场，测试重点是考核车辆对交通环境的感知及应变能力。因此，完整的智能车路系统试验场应该满足测试场景丰富、测试功能完备、通信能力完善、试验保密性好、试验专项性强、测试数据可靠性高等要求。

5.1.1　国外测试场地

　　本书介绍国外的四个典型应用实例，分别是美国的 M-City、GoMentum Station、瑞典 AstaZero、英国 Mira City Circuit。

5.1.1.1　美国 M-City 试验场

　　美国密歇根大学和密歇根州交通部共同出资建设的 M-City 是世界第一个专门为测试无人驾驶汽车、V2V/V2I 车联网技术设计建造的智能车路系统试验场[1,2]，如图 5.1 所示。其设计特色之一就是采用强化试验的思想进行智能车测试，多种道路突发状况可以集中发生，因此，每千米的测试路程能够代表真实环境中几十甚至几百千米的行程。M-City 试验场另一特色是柔性化设计理念，即道路无固定标线，可以随时更改车道布置。多种交通元素（如建筑外墙、假人等）可以移动，交通标志也可以随时根据试验要求进行更换，而且还预留了巨大、平整的沥青路面区域用于设计和布置已有场地中未包含的场景，如大型停车场等。这样可以极大地方便测试者按需调整测试场景，进而大大降低后期升级成本。M-City 试验场由多种路面和道路元素构成，包含水泥、柏油、仿真砖等铺装路面，以及泥土、碎石等非铺装路面。在试验区内，随处可见交通标志、车道线、信号灯、人行横道、指示牌、减速带等道路元素，也包括生活中出现频率较低的隧道、环岛、交通管制区、施工区等道路元素。在城市场景中，它有可移动的房屋外墙，墙体材料均取自真实建筑，如玻璃、砖、木头、铝乙烯等，用于模拟传感器对于不同材料的不同反馈。它还有多停车位可供选择，如侧方停车、倒车入库和斜对角停车等。在市中心区域设置有邮箱、消防栓、候车椅、计时码表等自动驾驶车辆在真实世界中会遇到的道路元素，用于测试它们的应对状况。

图 5.1　美国 M-City 全景图

M-City 试验场除可以模拟日常行车场景(循线行驶、通过各类路口、斜坡、环岛等)外，还特别设计了一些用于测试传感器和整车控制算法的场景，例如，用于测试传感器信号被削弱、遮蔽和延迟时对自动驾驶车辆的影响而设置的人造树荫区域、隧道等；用于测试全球定位系统(Global Positioning System，GPS)精度的正南北、正东西方向的道路；用来测试图像处理系统性能的贯穿整个测试场的照明设施，以及配有不同发光源和故意做旧的道路标牌等。

5.1.1.2　美国 GoMentum Station 试验场

美国 GoMentum Station 基地是目前全美最大的自动驾驶汽车技术安全测试场，如图 5.2 所示。测试场位于旧金山湾区，靠近自动驾驶技术革命的

图 5.2　GoMentum Station 内部场景

"心脏"地区——硅谷，使得其天然亲近苹果、谷歌等世界顶级科技公司。目前已铺设 32km 的公路和街道，其中立交桥、隧道、铁路等城市设施一应俱全，其独特多样的地形、基础设施，吸引了包括奔驰、大众和日产等汽车制造商的研发部门纷纷进场测试。

GoMentum Station 占地的 $20km^2$ 中实际可测试用地为 $8.5km^2$，具备诸如丘陵、斜坡和各种路面的地质特征用于实现多样的测试场景，主要提供的功能包括：数个停车场用于测试多用户并发停车；两条 400m 长的隧道用于测试导航、传感器与通信技术；超过 30km 的道路（包括 11km 长的直道）用于高速测试；铁路道口和轨道；地下通道和可变路网；类似城市街区的道路网格系统等。GoMentum Station 测试基地主要为商业化用途的车联网设备和自动驾驶汽车技术提供测试服务[3]。

5.1.1.3　瑞典 AstaZero 试验场

瑞典 AstaZero 是欧洲现有最大的智能车测试场，如图 5.3 所示，其测试内容涵盖面较全，包括车辆动力学测试、驾驶员行为测试、V2V/V2I 功能测试、功能可靠性测试、通信技术测试等。最大优势是综合性能力强，具备完整测试功能，特别针对 ADAS 场景模拟测试具有显著优势[4]。AstaZero 试验场由多车道测试区域、四个街区组成的城市区域、高速道路测试区域、农郊道路和主试验中心等组成。通过不同区域的组合可以模拟几乎全部道路交通模式及场景。测试场地实现了无线信号全覆盖，同时可为各种设施提供电力及光纤信号。AstaZero 试验场的典型测试场景包括车道变换、侧向超车、十

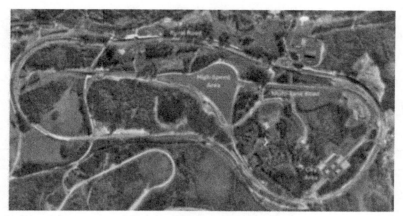

图 5.3　瑞典 AstaZero 全景图

字路口交汇、无光照和局部照明、高速变道、高速避障、高速定位与导航、紧急躲避隐蔽障碍物、规避其他交通参与者等。该场地现在还适合结合真实世界元素和虚拟现实的混合现实测试。AstaZero 利用 5G 连接技术以及分布式基础设施，为汽车制造商生成混合现实环境和理论环境的驾驶场景。

5.1.1.4 英国 Mira City Circuit 试验场

英国 Mira City Circuit 试验场是世界上面积最大、综合性最高的独立试车场之一，坐落在英国腹地米德兰，共有 24 个环路，全长超过 95km。该试验场分为九个区域，可分别用于传统车辆测试以及智能交通和网联车辆的测试，提供了一个完全可重复、安全的"现实版实验室"环境。

City Circuit 试验场的最大特色在于其在网联汽车测试方面提供的基础设施与服务[5]。在无线通信和访问权限限制方面的设施如下。

（1）私人的 GSM/GPRS 网络，具有 12 个 BTS 单元，带有独立的供电和通道分配。

（2）扩展的 Vodafone（英国电信企业）3G 网络，建有三座本地基站。

（3）WiFi 接入点网络，有 6 个受控的 IEEE 802.11a/b/g/n 发射点。

（4）ITS5G/IEEE 802.11p（5.9GHz 用于 V2X 通信），建有 6 个受控的基础设施点，提供 ETSI CAM 支持。

City Circuit 试验场在跟踪定位以及监控方面也处于领先地位，有如下设施。

（1）由 RTK-GPS 提供误差矫正服务，设置有两座本地基站。

（2）稳定且持续开启的 4GNOW 无线网。

（3）在主交叉路口周边按车流方向放置毫米级精度和高帧率的摄像头，提供地面实况 3D 动作捕捉。

通过对国外智能车路系统试验场的对比分析，发现这四所场地各具特色，发展较为成熟，具体情况如表 5.1 所示。

表 5.1 国外典型智能车路系统试验场实例发展现状分析

序号	名称	位置	特色	测试内容
1	M-City	美国	主要用于模拟高速公路环境的高速试验和城市近郊的低速试验，注重柔性化设计与强化试验方法	自动驾驶 V2V&V2I 车联网技术
2	GoMentum Station	美国	主要用于测试无人驾驶技术和车联网技术	车联网技术 无人驾驶车辆

续表

序号	名称	位置	特色	测试内容
3	AstaZero	瑞典	全球首个大规模交通测试区域，测试综合性能力强，具备完整的测试功能	车辆动力学 驾驶员行为 V2V&V2I 功能可靠性 通信技术
4	Mira City Circuit	英国	在传统汽车试验场的基础上升级改建，重点突出网联化测试环境	车辆硬件在环测试

5.1.2 国内测试场地

国内智能车路系统试验场的建设处于初步探索阶段，发展主要集中在上海、北京、重庆和无锡等地。

5.1.2.1 上海国际汽车城

上海国际汽车城作为国内首个智能车路系统试点示范区，致力打造六大功能性公共服务平台[6,7]：前瞻、共性技术研发平台；标准、规范研究定制平台；通信、数据采集分析平台；产业孵化、创新集聚平台；交通示范与国际合作平台；公共基础建设与政策法律法规平台。建设规划分为四个阶段。

第一阶段：建设封闭测试与体验区，建设三大区域，形成满足各类无人驾驶和 V2X 等的测试场景和演示场景。

第二阶段：开放道路测试区，基本建成智能车路系统实测所需的环境，以及支撑相关技术研发、标准研究、产品测试等功能，成为国内首个功能完备的智能车路系统试点示范区。

第三阶段：建设典型城市综合示范区，增加高速公路测试场景，基本建成基于智慧城市理念与要求下的智能车路系统区域性测试示范公共服务平台，初步打造智能车路系统产业集群。

第四阶段：建设城际共享交通走廊，建成区域性、相对独立、功能齐全的智能车路系统测试示范公共服务平台，形成初具规模的智能车路系统产业集群。

5.1.2.2 重庆 i-VISTA 智能汽车测试评价基地

重庆 i-VISTA 智能汽车测试评价基地建设规划分为三期[8]。

一期城市交通场景性能试验区，具有低附着路面、桥梁模拟、操稳性广场、地面停车场、隧道模拟、淋雨道路模拟、十字路口模拟、弯道模拟、汇入路口模拟等场景，如图 5.4 所示。

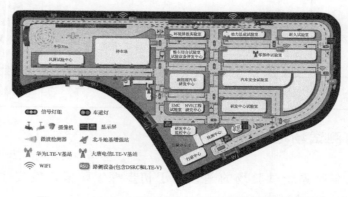

图 5.4　i-VISTA 第一期城市模拟道路测试评价

二期智能汽车可靠性试验区，在西部传统汽车试验场地基础上，完善相关基础设施，增加相应的交通设施及交通控制系统，形成包括各种特殊道路、乡村道路以及高速环道的智能汽车可靠性试验区，同时，还将在鱼嘴工业园区周边搭建城镇模拟测试环境，开展基于城乡结合的智能车路系统道路试验示范。

三期智能汽车与智能交通开放道路示范区，涵盖西部区域 90%以上特殊路况、全国 85%以上的路况。

5.1.2.3　无锡国家智能交通综合测试基地

工业和信息化部、公安部以及江苏省人民政府共同在无锡建设国家智能交通综合测试基地[9]，总体规划面积为 0.0178km²，两年内扩展至 0.1387km²，包括内部封闭测试场地和外部半开放式实际道路交通环境。内部测试场地开展危险性较低的测试，外部场地主要进行综合道路测试，包含多类型道路、隔离设施、减速设施、临时障碍物等要素。封闭测试道路总长 3.53km，分为公路测试区、多功能测试区、城市街区、环道测试区和高速测试区等，由不同类型的道路、隔离设施、减速设施、车道线、临时障碍物、交通信号、交通标志等组成不少于 150 个不同的实际道路测试案例，如图 5.5 所示。

建设规划分为两期。一期建成测试基地半开放测试环境，并对外开展测试工作；二期建设测试基地内场封闭测试环境，为智能车路系统驾驶技术功能符合性、性能可靠性和稳定性提供测试和验证的试验场地。

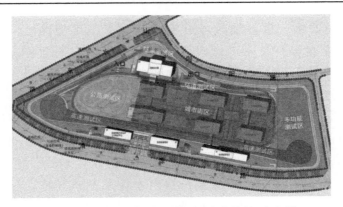

图 5.5　国家智能交通综合测试基地示意图

5.1.2.4　国家智能汽车与智慧交通（京冀）示范区亦庄基地

国家智能汽车与智慧交通（京冀）示范区亦庄基地，离京台高速大约 1km，交通便利，区域开放条件好，有利于各种测试试验的开放。该测试场具有同时面向支持 V2X 和自动驾驶 L4 级别以上的测试能力[10]，并且结合了智能交通的管理和控制，特别在试验场也开展了对乡村道路的设计。

图 5.6 是国家智能汽车与智慧交通（京冀）示范区亦庄基地的整体方案。整个场地分两期的建设。第一期是创客小镇，利用现有的建筑实现数据中心和控制管理中心。

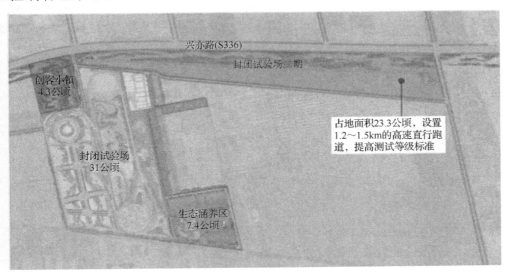

图 5.6　国家智能汽车与智慧交通（京冀）示范区亦庄基地的整体方案

封闭试验场的第一期占地约 600 亩，规划了高速道路、环道、城市景观道路以及乡村道路，并且可以模拟天气情况。但一期的面积比较小，导致高速公路的速度会有限制。二期会规划更长的高速道路，包括 1.5km 的直道，可以开展高速道路上的详细测试。

对于城市道路的测试区，该测试基地设计了比较复杂的环道，大概有五个双向出入口的环岛设计。中央主干道模拟了城市多向车道，包括潮汐车道、公交专用道的设计，还有对于次干道以及支路的设计场景，包括铁路交叉口。同时，针对电子车牌、ETC 等测试场景也安排了测试环境，包括红绿灯交叉路口、行人通行、多车道 ETC 自由流，以及对于快速车道、主辅路入口、出口的控制。

创客小镇利用现有的建筑，对整个研发基地和面向车厂的标定车间都做了设置。对于自动驾驶测试平台，提供了可测试的环境；对于车联网测试平台，也按照美国和欧洲的标准，为厂商 V2X 设备提供测试、验证和评估的方式。

对于开放试验道路，基地可利用在路侧安装的 V2X 设备，连接不同的交通设施，包括红绿灯、路侧的标识牌、可变情报板、占道施工以及限速等标志，然后将交通设施的情况进行广播。对于智慧路网或无人驾驶的测试，都可以提供较好的环境。

通过对国内在建的智能车路系统试验场对比分析，发现四处试验场虽然建设周期规划大相径庭，但它们在地理位置、场地定位、功能测试和性能要求等方面都有所不同，各具特色，具体情况如表 5.2 所示。

表 5.2　国内在建智能车路系统试验场规划对比

序号	名称	位置	特色
1	上海国际汽车城	上海	打造六大平台；争创国内首家；具备丰富测试场景，功能齐全
2	重庆 i-VISTA 智能汽车测试评价基地	重庆	基于传统汽车试验场升级改建；具有坡道多，雾天多等特殊地理、天气条件
3	无锡国家智能交通综合测试基地	无锡	打造"智能车特色小镇"，构建自动驾驶汽车运行安全技术条件相关的实际道路测试场景和管理平台
4	国家智能汽车与智慧交通（京冀）示范区亦庄基地	北京	重点研发智能网联汽车和交通系统的适应性

5.2　测试场景的提炼和搭建

5.2.1　场景分类

　　智能车路系统的测试验证可以对系统研发进行优化反馈调节，是智能车路系统发展进步的有力支撑点。对智能车路系统进行测试验证评价，必须要有相应的测试场景。丰富合理的测试场景对测试工作起到基础性作用，对场景进行解耦重构可以有效支撑测试工作[11]。然而，测试场景具有不可穷举、难以可信复现等特点，难以设计一个统一的分类标准。本节将从多个维度探讨智能车路系统测试场景的分类问题。

5.2.1.1　按测试场景来源分类

　　构建测试场景需要人、车、路、环等场景要素数据。依照场景要素的获取来源，可大致分为三类：常规工况测试场景、极端工况测试场景和要素重组测试场景。

　　(1)常规工况测试场景。

　　常规工况测试场景的数据来源于智能车路系统正常运行时的场景，是构建智能车路系统测试场景中最基础广泛的数据来源，也是测试智能车路系统性能的最直接充分的数据。常规工况测试场景包含智能车路系统所处的"人-车-路-环"等全方位信息，很好体现了测试场景的随机性、复杂性、真实性、典型性等特点。通过安装在车及路侧上的各类传感器，如行车记录仪、相机、毫米波雷达、激光雷达等，完成测试场景的采集。

　　目前，国内外已有多个项目对常规工况场景进行数据采集与场景构建。Waymo 目前有着全球最大的自动驾驶研发团队、最大规模的路测车队，以及最强的技术实力。截至 2019 年，其无人驾驶与智能车路测试里程已超过 2000 万千米。百度 Apollo 团队也构建了丰富的常规工况测试场景，截至 2019 年，已在 13 个城市进行测试，测试里程突破 200 万千米。

　　(2)极端工况测试场景。

　　常规工况测试场景大多是安全场景，并未覆盖危险工况下的场景。然而智能车路系统并不只是工作在常规工况下，也会在极端工况下运行。因此，极端工况测试场景对智能车路协同测试也有着极为重要的意义,是验证智能车路系统安全可靠的重要工具。极端工况主要包括以下几种情形:交通事故发生区域、汇流区、恶劣的雨雪雾冰天气、盘山公路、非结构化道路等极端路况等。这些场景可以对智能车路系统性能的安全性、鲁棒性进行充分测试验证。

　　(3)要素重组测试场景。

　　上面介绍了常规工况和极端工况下的测试场景,但测试场景具有不可穷举的特点,无法在测评过程中构建所有的测试场景。对测试场景进行解耦重构,将不同场景中的要素重新排列组合,形成新的测试场景,是提高场景覆盖度的有效方法。

　　要素重组场景可以是常规工况场景,也可以是极端工况场景,或者是两种要素兼而有之的混合场景。要素重组场景极大扩展了智能车路系统测试的覆盖面,成为不可或缺的一部分。

5.2.1.2　按路面类型分类

　　道路是测试场景中最基础最常见的要素,也是与智能车路系统关联最密切的要素。依照智能车路系统运行时的不同路面状况,可以将测试场景分为结构化道路场景和非结构化道路场景[12]。

　　(1)结构化道路场景。

　　结构化道路指道路边缘规整、路面平坦、有明显车道线及人工标志的道路,主要包括高速公路、城市干道、等级较高的公路等。典型的结构化道路场景如图 5.7 所示。结构化道路场景覆盖面广,是智能车路系统运行时最为常见的场景,但对系统的各项性能要求并不算高。

图 5.7　典型的结构化道路

　　(2)非结构化道路场景。

　　与结构化道路对应，非结构化道路一般没有清晰的车道线和道路边界，容易出现正负障碍物，受阴影、水渍等影响严重，可行驶区域和不可行驶区域难以区分，主要包括城市非主干道、乡村道路等。典型的非结构化场景如图 5.8 所示。非结构化道路场景覆盖面不如结构化场景，但却是智能车路系统运行时不可不考虑的场景，对系统的各项性能要求也很高。

图 5.8　典型的非结构化道路

5.2.1.3　按测试场景要素特征分类

　　一个测试场景通常包含多个要素，如人流要素、车辆要素、道路要素、环境要素、气象要素及其他相关要素[13]。根据要素是否随着时间的推移而产生变化，可以将要素分为稳态要素和动态要素。由稳态要素组成的场景称为稳态场景，不仅包含稳态要素，还包含动态要素的场景称为动态场景。

　　(1)稳态场景。

　　稳态场景是指场景中的要素都是稳态要素，这些要素的特征(如位置、形态、状态量等)随着时间的推移不产生或产生很微小的变化。例如，位置固定的障碍物、静止停靠的车辆、设置在道路两旁的路侧装备等。稳态场景可以实现对智能车路系统基础功能的测评，对系统性能要求不高。

　　(2)动态场景。

　　动态场景中不仅包含稳态要素，还存在随时间而变化的动态要素，例如，速度变化的行驶车辆、流动的人群、变化的天气状态等，甚至还有可能包含此刻是静止而下一时刻就有可能运动的要素，例如，等待红灯的行人、启动中的汽车、转变的交通信号灯等。动态场景对智能车路系统的动态性能有更高的要求，更能发现系统中存在的不足与缺陷。

5.2.1.4　按场景复杂度分类

按智能车路系统工作时的场景复杂度，将场景分为低速小范围场景、城市道路场景和高速场景。

（1）低速小范围场景。

低速小范围场景主要指在某个小范围内且车辆处于低速（不高于30km/h）运行状态下的场景。在该场景下，车辆处于低速行驶状态，路侧装备布置在一个较小的范围内。该场景可以验证信息服务、路侧诱导控制等智能车路系统典型功能，如ETC、智能停车服务等功能。

（2）城市道路场景。

城市道路场景是智能车路系统应用的一类主体场景。智能车路系统在解决城市道路场景下的拥堵等问题时，有突出优势与应用前景，因此，该场景是智能车路系统必须进行测试的场景。在该场景下，车辆行驶速度约在10~60km/h的区间内，路侧装备部署于道路两侧，且多为结构化道路，场景中会出现较大的人流量。

相比于低速小范围场景，城市道路场景更为复杂，动态程度更高，场景要素也更加丰富，可以用来充分测试智能车路系统的智能信号灯控制、路况发布等多项功能。

（3）高速场景。

高速场景也是智能车路系统应用的一类主体场景。在该场景下，道路全部为结构化道路，路侧装备置于道路两侧，车速一般在80~130km/h范围内，没有行人等其他要素。虽然高速场景要素较为单一，但是车辆行驶速度最快，对智能车路系统的安全性要求也最高。该场景对于测试智能车路系统的协同式防碰撞预警、协同式防侧翻控制、智能编队行驶等功能必不可少。

5.2.1.5　按测试场景抽象程度分类

通常而言，系统产品的开发总是由简单抽象到具体落地的。从产品开发初期的概念设想、原理设计，到中期的初具规模、模块集成，到最后的系统测试反馈优化，每个阶段都有测试需求。根据不同阶段的测试需求，可以搭建不同抽象程度的测试场景。

（1）功能场景。

功能场景是语义级别的操作场景，最为抽象，用于概念阶段的定义、危害分析、原理验证和风险评估等，用语言符号来表述场景中要素及各要素之间的关系。例如，在高速下，功能场景只需要简单描述路的几何结构、拓扑连接等基础情况，无须描述具体的参数信息。

（2）逻辑场景。

逻辑场景通常用于系统产品的研发阶段，是基于状态空间变量对功能场景的进一步详细描述，更加具体。因此，逻辑场景需要确定状态空间的参数范围，采用概率分布的方法对参数范围进行一定推算。逻辑场景中包含解决问题的所有需求要素。

（3）具体场景。

具体场景用于系统产品研发完成后的实际测试评价与反馈优化。在逻辑场景中的状态空间中选择确定的参数数值，用具体的数值来表达场景要素及各要素之间的关系。在功能场景、逻辑场景和具体场景中，只有具体场景可以用来生成测试用例。图 5.9 展示了高速自车行驶情况下三种场景对于场景要素的不同设定。

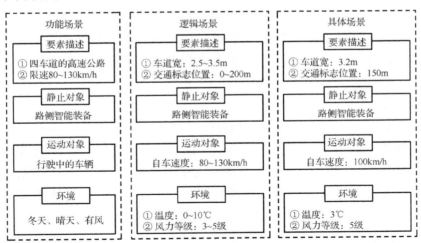

图 5.9　高速自车行驶情况下三种场景对于场景要素的不同设定

5.2.1.6　按测试场景开放程度分类

按照测试场景的开放程度，可将测试场景分为封闭测试场景、半开放测试场景和开放测试场景。

(1)封闭测试场景。

封闭测试场景是指在一块封闭的区域进行智能车路系统测试验证，开放度为零。在封闭环境下，可以利用假人假车替代真实环境中的真人真车，主要开展功能及性能评估测试，且试验精度可控。封闭场景下，智能车路系统的决策压力较小，不会遇到极端情况，对系统的鲁棒性要求不高，也是智能车路系统测试从虚拟数字化迈向实际场景的第一步，承上启下，尤为关键。2018 年 7 月，交通运输部在北京、西安、重庆认定建设三个自动驾驶测试基地，支持开展自动驾驶和车路协同测试。其中，位于北京通州的公路交通综合试验场定位为自动驾驶和车路协同的产品研发和系统测试平台、标准制修订的研究平台、新技术示范应用、成果转化的基地。在车路协同技术测试中，主要针对营运车辆 V2X 应用场景测试，为交通行业标准《营运车辆服务车路交互信息集》的制订提供场地测试验证服务。营运车辆车路交互应用场景包含安全、效率、信息服务三大类 18 个场景。2019 年，交通运输部、工业和信息化部又联合认定上海临港智能车路系统研究中心有限公司、江苏中质智通检测技术有限公司、湖北襄阳达安汽车检测中心有限公司为智能车路系统自动驾驶与智能车路系统封闭场地测试基地。2020 年 9 月 25 日，龙池"车路协同"试验场测试段建成，并立即投入测试。这是西南地区首个 5G 智能网联及 L4 级自动驾驶高速封闭测试场，也是国内首例研究西南山区 5G 智能网联自动驾驶关键技术的测试场，以及全国最先进的 V2X 车路协同测试区域之一。

(2)半开放测试场景。

半开放测试场景的开放度介于封闭测试场景和开放测试场景之间。在半开放测试场景下，场景开放度可调。半开放测试场景的开放度可以根据具体的测试情况进行调节，但不会调成全开放的情况。半开放测试场景还具有可扩展功能。公安部交通管理研究所拥有全国首个半开放的智能车路协同测试环境，已经为上汽、奥迪、滴滴等公司提供测试服务。

(3)开放测试场景。

开放道路测试场景是智能车路系统进行测试验证的最后一步。该场景在开放的道路环境下对智能车路系统进行测试验证，贴近智能车路系统真实运行环境，环境复杂，自由度高，对智能车路系统的性能有最为直接的测试与反馈。2018 年 2 月，江苏省依托常州、泰兴等地开展了新一代国家交通控制网试点工程，"国家智能商用车质量监督检验中心"于 2019 年 4 月获得国家市场监督管理总局认定，目前已建成了封闭测试场（泰兴）、半开放测试场（常州天宁）、开放测试场（常州天宁）在内的自动驾驶测试基地。

5.2.1.7　按测试层级分类

智能车路系统的性能主要受到车辆和路侧的性能影响。按照测试场景测试的层级来进行分类，可分为组件级测试场景、模块级测试场景、系统级测试场景。

（1）组件级测试场景。

组件级测试场景主要针对智能车路系统中的主要组件进行测试。智能车路系统中，常用的组件有激光雷达、摄像头、毫米波雷达、导航卫星接收天线、惯性器件、通信器件等。不同的组件有着不同的功能，需要不同的测试场景予以测试。例如，激光雷达传感器可以用来感知周围的情况，也可以用来对车辆自身进行定位，且受天气影响较小。因此，在场景中设置正负障碍物，变换天气状况，从而测试激光雷达的性能及鲁棒性。

（2）模块级测试场景。

一定规模的组件融合在一起可以形成模块。针对模块进行测试的场景称为模块级测试场景。例如，导航卫星接收天线和惯性器件融合在一起可以组成车辆定位模块。针对定位模块，需要在场景中设置不同的情况予以测试，如卫星无遮挡/半遮挡/全遮挡的情况。模块级测试场景不仅要测试模块的基本功能，更要测试功能的鲁棒性。

（3）系统级测试场景。

各模块组成在一起形成整个智能车路系统。针对智能车路系统进行测试的场景称为系统级测试场景。例如，智能车路系统有协同式防碰撞预警、协同式防侧翻控制、智能编队行驶、智能信号灯控制、路况发布、智能停车服务等功能，对其进行系统级测试时，需要构建的系统级测试场景不能只满足一类功能的测试，必须对智能车路系统的所有功能进行覆盖[14]。

5.2.2　场景要素

目前，尚未形成智能车路系统测试场景相关的法律法规。因此，很难说在某一场景中必须存在某一类要素或某几类要素。本书选取智能车路系统测试场景中典型的测试车辆要素、测试路侧要素、静态环境要素、动态环境要素和气象要素进行介绍。

5.2.2.1　测试车辆要素

测试车辆要素指智能车路系统中参与测试的车辆。测试车辆要素主要包括车辆的重量、几何信息、姿态信息、运动信息、性能信息等，如图 5.10 所示。

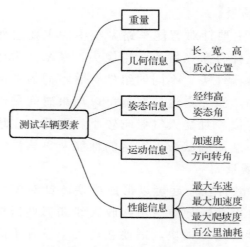

图 5.10　测试车辆要素信息

(1) 车辆几何信息主要包括车辆的长、宽、高等尺寸信息以及车辆的质心位置。

(2) 车辆的姿态信息主要包括车辆在行驶过程中的位置（经纬高）和姿态角（俯仰、横滚、偏航）信息。

(3) 车辆的运动信息主要包括行驶过程中的加减速、方向转角等。

(4) 车辆的性能信息主要包括最大车速、最大加速度、最大爬坡度、百公里油耗等。

5.2.2.2　测试路侧要素

测试路侧指智能车路系统中参与测试的路侧智能装备。一般而言，测试路侧要素包括几何信息、性能信息、位置信息等，如图 5.11 所示。

(1) 路侧的几何信息主要包括路侧装备的长、宽、高以及质心位置。

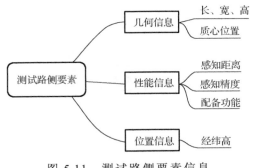

图 5.11 测试路侧要素信息

(2)路侧的性能信息主要包括路侧传感器感知距离、感知精度、配备功能等。

(3)路侧的位置信息主要指路侧装备的位置(经纬高)。

5.2.2.3 静态环境要素

静态环境要素指测试场景中静止不动的要素,如道路、交通标志等[15]。这里需要说明的是,虽然路侧装备也是静止的,但是它们属于待测试对象,因此不列入其中。静态环境要素组成了测试场景的大框架。静态环境要素主要由道路、交通设施、周边环境和障碍物四大部分组成,如图 5.12 所示。

(1)道路是静态环境要素的核心,主要包括道路类型、道路结构、曲率半径、摩擦系数、坡度、车道线类型、车道数以及限速区间等信息。

(2)交通设施主要包括道路辅助设施、道路交通标志线和交通标志。

(3)周边环境指道路旁边的环境与设施,主要包括建筑物、花草护栏等[16]。

(4)障碍物包括正负障碍物,正障碍物指位于道路平面上方的物体,而负障碍物指凹坑、沟道等。

5.2.2.4 动态环境要素

动态环境要素指测试场景中处于动态变化的要素,如行人、非测试车辆、动态标志和通信环境等,如图 5.13 所示。

(1)行人是验证智能车路系统安全性不可缺少的要素,其中,又可以大致分为步行行人(速度、加速度较高)和残疾人(速度、加速度较低)。

(2)场景中没有联入智能车路系统的测试车辆均为非测试车辆。非测试车辆可能是机动车,也可能是非机动车,这些要素尤其影响测试车辆。

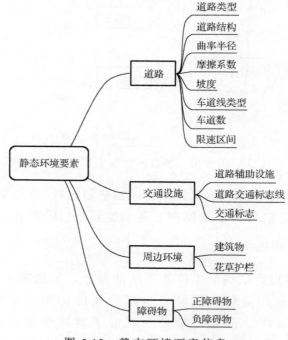

图 5.12　静态环境要素信息

(3)动态标志上的标志信息会随着时间变化而变化。虽然这些标志可能处于静止的路侧装备或者路侧设施上，但它们变化的信息影响智能车路系统的测试，因此被归纳为动态环境要素，如信号灯、可变情报板等。

(4)通信环境指智能车路系统中各要素进行通信的环境。在不同的地方，通信环境的信号延迟、电磁干扰程度等会不一样。

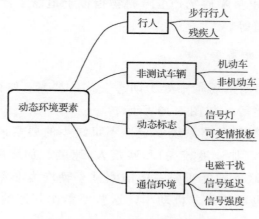

图 5.13　动态环境要素信息

5.2.2.5　气象要素

气象要素主要包括测试场景中的温度、光照、天气等信息，如图 5.14 所示。

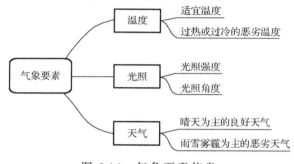

图 5.14　气象要素信息

（1）温度会影响智能车路传感器的精度。一般而言，传感器都有某个最适宜的使用温度范围，过热或过冷都会影响传感器的性能。

（2）光照主要会影响摄像头的信息获取。光照过强会造成图像曝光过度，失去有效信息，光照过暗则会导致图像昏暗，无法获取相关信息。

（3）天气主要分为阴晴雨雪雾霾等。晴天天气对智能车路系统影响最小，而雨雪雾霾等恶劣天气则会对系统造成极大影响。

5.2.2.6　场景要素的属性及联系

一般来说，智能车路系统测试场景中包含上述几类要素。在对要素进行描述时，既要描述该要素的属性，也要描述该要素与其他要素之间的联系。例如，描述动态要素行人，既要描述该要素的属性，如数量、行走速度等，也要描述该要素与其他要素之间的联系，如行人在哪条路上行走等。属性信息包括要素的形状、位姿、速度等信息，而要素之间的联系主要包括逻辑、附属等。

5.2.3　场景构建流程

智能车路系统测试场景对系统研发、测试优化反馈等有着重要作用，完备、科学、有效的测试场景可以促进智能车路系统的发展与进步。此处主要介绍测试场景的构建流程。一般来说，构建测试场景首先需要采集场景数据，然后对数据进行解耦分析，最后对场景进行测试验证，并反馈优化。测试场景构建流程如图 5.15 所示。

图 5.15　测试场景构建流程

5.2.3.1　场景数据采集

场景数据采集主要是用来采集构建场景所需的各类要素，如车辆运动与姿态信息、路侧装备信息、障碍物信息、行人信息等。数据采集主要依赖于车辆及路侧装备的传感器，如 GNSS、激光雷达、摄像机、毫米波雷达、声音传感器等。采集完成后，将数据进行打包存储。

5.2.3.2　场景解耦分析

场景要素数据完成采集后，需要对其进行解耦分析，再导入场景库中。一般而言，场景解耦分析包括场景聚类、特征提取、场景理解等部分。场景聚类是在大量数据中提取特征相似的场景。如路侧装备视角采集的图像一致，或车辆行驶轨迹相似的场景，将其聚为一类；特征提取则是对场景的各种要素提取特征，进行数值化的描述，如编队行驶时提取车辆的位姿信息、速度信息；场景理解是分析场景中包含人、车、路、环哪些要素，以及车辆与路侧装备的任务等。

5.2.3.3　场景测试验证

场景数据完成采集、解耦分析关联后，可以用于测试验证，进入场景构建的最后一步。场景的测试验证主要是将场景库中已经构建完成的场景提取出来，用虚拟仿真、半实物或者实车的方法进行测试验证，测试场景的真实性、合理性、科学性、有效性。场景测试验证的结果反馈给场景库，对场景解耦分析甚至场景数据获取源头进行优化反馈，重新生成更科学合理的测试场景，从而形成场景构建的有效闭环。

5.3　实测案例分析

5.3.1　前方弯道预警功能测评

大部分公路弯道处只有一面凸面广角镜作为预警设备，司机通过凸面广角镜反光发现对向/盲区即将驶入的车辆。但其易被污损，不能在雾霾、天暗未开灯等情况下使用，且大多数司机在转弯时习惯性地占用另一车道行驶，或走在两条车道的中间，导致凸面广角镜给出的警示信号不明显，不能引起所有司机的注意[17]。此外，高速公路上弯道路段由于其线形条件复杂，车辆行驶环境多样，已成为道路交通安全的重灾区。弯道处极易发生侧翻、侧滑危险，导致车辆甩尾、失去转向能力等，给车辆行驶安全带来巨大威胁。而且侧翻、侧滑事故极易引发二次交通事故，对跟行车辆造成更大的伤害损失，影响高速公路的通行状况[18]。

因此，针对城市道路、国省道和县乡道路等急转弯、陡坡弯道等不利地形的交通安全问题，采用智能化弯道预警系统对道路交通进行即时动态的侦测、警告与引导具有重大意义。其技术特点是在弯道处布置路侧单元，实时获取过往车辆速度和行驶数据，通过预警显示屏对即将进入弯道的车辆进行提示，从而有效提醒驾驶员减速谨慎驾驶通过弯道。

前方急弯预警也属于智能车路系统中较为典型的利用车路协同技术扩大车辆本体感知范围的应用，其他类似的应用包括并道提醒、气象提醒等。前方急弯预警的测试方法也可拓展至其他类似应用。

5.3.1.1　测试方案

(1)场景描述。

当装载 OBU 的主车(Host Vehicle，HV)从远处驶向危险弯道，收到由 RSU发送的局部道路数据信息时，弯道危险提醒系统将给出 HV 前方信号灯的实时状态，并结合 HV 的位置和行驶状态信息，给予驾驶员一个建议车速区间，以防止车辆出现在弯道行驶的过程中发生侧翻或行驶方向偏离道路的情况，最终达到平稳通过弯道的目的。场景描述如图 5.16 所示。

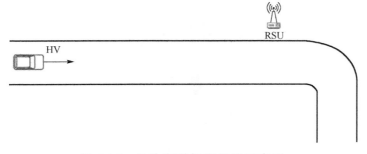

图 5.16　危险弯道提醒场景示意图

（2）测试方法。

①试验道路含急转弯道，在急转弯道入口处至少有一套 RSU 设备，HV 所在的道路长度至少为 1km。

②HV 到达急转弯道入口前 200m 时车速分别稳定在 30km/h、40km/h、50km/h 并驶向急转弯道入口。

③当 HV 驶过急转弯道入口以后该次试验结束。

5.3.1.2　测评过程

（1）测试现场。

测试场地如图 5.17 所示，弯道处设立了 RSU 设备，通过与车上放置的 OBU 智能终端通信，在车辆距离弯道 100m 的时候进行前方弯道预警，预警形式包括音频预警，发出"前方弯道，请减速慢行"的提示音以及图像预警，如图 5.18 所示。

图 5.17　测试场地

图 5.18　弯道预警标识

（2）测试设备安装。

车载端安装了东南大学自研的智能车路系统场地专用综合测评设备，如图 5.19 所示，主要包括组合导航模块、工控机、音视频采集装置、Mesh 通信模块、车载显示器、电源等。类似地，路侧端也需安装组合导航、工控机、Mesh 通信模块、电源等设备。

图 5.19 车载端测试设备安装情况

测试设备的基础参数测量性能如表 5.3 所示。

表 5.3 车辆基础测评参数测量性能

参数	性能指标
位置	0.03m RMS（RTK 差分）
速度	0.02m/s RMS
姿态（角度）	航向角：0.09°（2m 基线长） 俯仰角、侧倾角：0.02°
加速度	加计零偏稳定性：0.1mg 加计随机游走：0.5m/s/√h
角速度	陀螺零偏稳定性：3.5°/h 陀螺角随机游走：0.1°/√h

音视频预警信息可以与基础参数信息同步采集，同步误差≤10ms，并可在采集完成后，进行音视频预警信息的识别以及预警发出时刻信息的分析。具体参数及性能如表 5.4 所示。

表 5.4 音视频预警信息采集及捕获功能

	性能	数据格式
视频采集	40fps	jpg
音频采集	8kHz	wav

（3）测试结果分析。

测试按照 5.3.1.1 节中的测试方案进行。某一次前方弯道预警的测试过程如图 5.20 所示。

图 5.20　现场场景

某一次测试的数据分析情况如下。

音视频预警识别结果如图 5.21 所示。

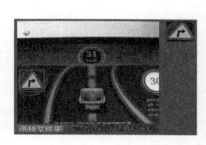
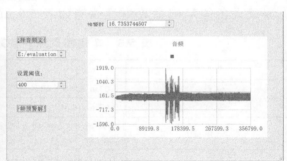

图 5.21　音视频预警识别结果

预警距离解算方法：定义预警距离为被测 OBU 设备发出音视频预警时，车辆与路侧单元的距离，假设该时刻为 t_c。当组合导航采集的信息没有 t_c 时刻的对应值时，采用插值方法取得 t_c 时刻车辆的位置。k 表示组合导航采样数据的编号，假设预警时刻 t_c 介于 t_k 与 t_{k+1} 之间，t_k 时刻经纬度坐标为 (x_k, y_k)。以经度计算为例，取 t_{k-1}、t_k、t_{k+1}、t_{k+2} 做自然三次样条插值

$$h_0 = t_k - t_{k-1}, \quad h_1 = t_{k+1} - t_k, \quad h_2 = t_{k+2} - t_{k+1}$$

$$\mu_1 = \frac{h_0}{h_0 + h_1}, \quad \mu_2 = \frac{h_1}{h_1 + h_2}, \quad d_2 = 6f[t_{k-1}, t_k, t_{k+1}], \quad d_3 = 6f[t_k, t_{k+1}, t_{k+2}]$$

$f[t_{k-1}, t_k, t_{k+1}]$ 表示二阶差商，$f[t_{k-1}, t_k, t_{k+1}] = \dfrac{f[t_k, t_{k+1}] - f[t_{k-1}, t_k]}{t_{k+1} - t_{k-1}}$，其中 $f[t_{k-1}, t_k]$

表示一阶差商，$f[t_{k-1}, t_k] = \dfrac{x_k - x_{k-1}}{t_k - t_{k-1}}$。完成以上参数计算后，列矩阵方程

$$\begin{bmatrix} 2 & 1-\mu_1 \\ \mu_2 & 2 \end{bmatrix} \begin{bmatrix} M_2 \\ M_3 \end{bmatrix} = \begin{bmatrix} d_2 \\ d_3 \end{bmatrix} \tag{5-1}$$

解矩阵方程得 M_2、M_3，写出方程系数

$$a_2 = x_k, \quad b_2 = \frac{x_{k+1} - x_k}{h_1} - \frac{h_1}{2} M_2 - \frac{h_1}{6}(M_3 - M_2), \quad c_2 = \frac{M_2}{2}, \quad d_2' = \frac{M_3 - M_2}{6h_1}$$

得到方程 $s_2(t) = a_2 + b_2(t - t_k) + c_2(t - t_k)^2 + d_2'(t - t_k)^3, t_k < t \le t_{k+1}$，计算 $s_2(t_c)$，得到 t_c 时刻经度 x_c，以同样的方法计算纬度，得到预警时被测车辆的经纬度坐标 (x_c, y_c)。已知路侧单元的位置为 (x_s, y_s)，即可计算出两者之间距离。

某一次的预警距离测评结果，如图 5.22 所示。

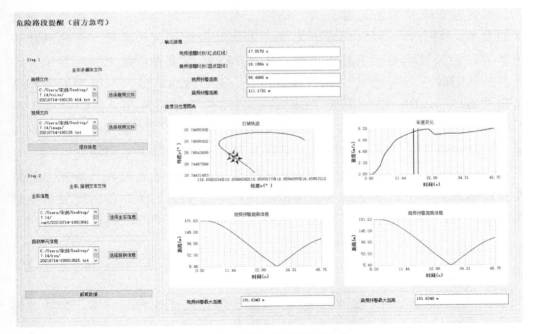

图 5.22　某一次的测评结果

测评结果显示，预警距离为 111.1m，满足通信距离 ≥ 100m 的要求，测试通过。

5.3.2　自动紧急制动功能测评

自动紧急制动系统（Autonomous Emergency Braking System，AEBS）是基于环境感知传感器（毫米波雷达、摄像头等）识别前方可能与车辆、行人或其他交通参与者所发生的碰撞风险，从而进行预警，并通过系统自动触发执行机构来实施制动，以避免碰撞或减轻碰撞程度的主动安全系统[19]。

AEBS 已经作为智能驾驶技术的先行者在道路运输行业中得到了推广应用，欧盟从 2013 年 11 月 1 日起对新注册的 N2、N3、M2、M3 类商用车辆已经强制要求安装 AEBS。我国也制定了相关的标准，包括《商用车辆自动紧急制动系统性能要求及试验方法》（GB/T 38186-2019）和《营运车辆自动紧急制动系统性能要求和测试规程》（JT/T 1242-2019）等，标准中也给出了AEBS 测试相关的试验方法。

AEBS 对碰撞风险的识别和决策过程都需要对多源信息进行融合决策处理，仅依赖单一信息源可靠性低、适用范围窄、实用性差，随着车路协同技术的发展，AEBS 不再只局限于视觉、雷达等传统车载传感器，车路通信传感器能在全天候全地形条件下工作，为 AEBS 提供重要信息来源，基于车路通信的 AEBS 应运而生[20]。为了进行区分，JT/T 1242-2019 标准将包含车路通信功能的 AEBS 称为 Ⅱ 型 AEBS，而将不包含车路通信功能的称为 Ⅰ 型 AEBS。JT/T 1242-2019 标准中对 Ⅱ 型 AEBS 的性能进行了规范，包括接收和发送的信息种类、直连通信时延、通信距离以及预警发出时刻等。

对于测评系统，其测评技术应与 AEBS 的实现原理无关，从第三方的角度开展测评。本节描述 AEBS 的模拟测试，即主车的制动过程由驾驶员主动踩刹车产生，旨在验证测评系统对 AEBS 制动过程评价的准确性和全面性。

5.3.2.1　测试方案

（1）场景描述。

HV 在行驶过程中，前方的 RV 车辆处于静止或低速行驶状态，驾驶员因疏忽等原因可能会导致两车发生追尾碰撞。自动紧急制动系统中，远车（Remote Vehicle，RV）给 HV 发送自身车辆信息，HV 实时检测车辆前方行驶环境，并且在可能发生碰撞危险时自动启动车辆制动系统使车辆减速，以避免碰撞或减轻碰撞。自动紧急制动测试场景如图 5.23 所示。

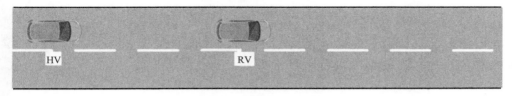

图 5.23　自动紧急制动场景示意图

（2）测试方法。

①试验道路位于普通直线道路，HV 应在制造商规定的载荷状态下进行实验，实验开始后不对其载荷进行任何调整。

②HV 在开始测试前至少 2s 沿直线驶向静止的 RV，与 RV 中轴线偏差不超过 0.5m。

③HV 以一定的速度行驶，距离目标 120m 时开始测试，除为防止车辆方向偏移对转向盘进行微调整外，从实验开始直至碰撞点为止，驾驶员不应对车辆进行任何调整。

④发生碰撞或 HV 制动停车后测试结束。

5.3.2.2　测试过程

（1）测试现场。

RV 静止，HV 在直道上以 30km/h 的速度驶向目标车，在距离较近时由驾驶员主动刹车，模拟 AEBS 的制动过程，计算制动过程中的制动时车速、距离碰撞时间（Time-to-Collision，TTC）、制动时车距、制动距离、制动后车速、制动后车距、平均减速度、最大减速度、减速持续时间等测评基础参数。测试现场如图 5.24 所示。

图 5.24　现场场景

（2）测试设备安装。

RV 和 HV 上除了安装与 5.3.1.2 节中一致的车载设备外，还加装了一套 VBOX 3i 设备，其也可以用于 ADAS 测试，得到自动紧急制动测评基础参数。VBOX 3i 可以实时提供 100Hz 的 2cm 精度的位置信息。

（3）测试结果分析。

测试按照 5.3.2.1 节中的测试方案进行。制动起始信号由踏板力信号提供，若制动起始时刻没有对应的位置或者速度数据，可采用类似 5.3.1.2 节中的插值方法获取。部分指标的计算方法如下。

①制动时车距：HV 制动时，以 RV 的位置与方向角形成直线，HV 前端点向该直线作垂线，直线上垂足到 RV 后端点的距离。

②制动时 TTC：HV 制动时刻，HV 与 RV 的车距除以 HV 当前的速度。

③制动距离：开始制动至汽车完全静止时，HV 所驶过的路程。

④制动后车距：HV 制动静止后，以 RV 的位置与方向角形成直线，HV 前端点向该直线作垂线，直线上垂足到 RV 后端点的距离。

⑤平均减速度：车辆制动过程中采集的制动减速度的平均值。

⑥最大减速度：车辆制动过程中采集的制动减速度的最大值。

⑦减速持续时间：测试过程中，从踩下踏板到车辆刚静止停下的持续时间。

测试结果如表 5.5 所示。

表 5.5　自动紧急制动测试结果

	测试次数	1	2	3	4
测试速度 30km/h	制动时车速/(km/h)	32.287	29.7744	26.8446	29.6388
	制动时 TTC/s	3.59612	6.89986	4.28911	2.98795
	制动时车距/m	32.0812	56.6632	31.8536	24.4985
	制动距离/m	10.2833	8.95576	5.23985	6.40464
	制动后车距/m	21.9998	47.8165	26.6511	18.1046
	平均减速度/(m/s²)	−3.78294	−4.32531	−4.45833	−4.49866
	最大减速度/(m/s²)	−5.93811	−6.34286	−8.4026	−8.4715
	减速持续时间/s	3.329	2.562	2.24	2.44

某一次的测评结果界面如图 5.25 所示。

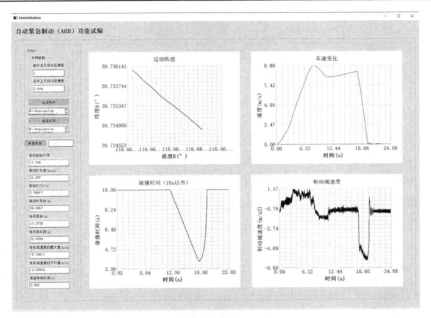

图 5.25　某一次的测评结果界面

东南大学自研设备与 VBOX 3i 设备的测评结果对比如表 5.6 所示。

表 5.6　VBOX 3i 与自研设备测试结果对比

测试次数	VBOX 3i 测量的 TTC/s	自研设备测量的 TTC/s	差值
1	3.61	3.60	0.01
2	6.91	6.90	0.01
3	4.27	4.29	0.02
4	3	2.99	0.01
TTC 误差均值 0.01			

考虑在测量 VBOX 3i 设备天线和自研设备天线与车头距离、VBOX 3i 设备天线和自研设备天线的相对距离时，存在不可避免的人工误差，故可以认为 VBOX 3i 设备和自研设备测评结果一致。

5.3.3　编队行驶功能测评

编队行驶，又称为队列行驶、队列跟驰，主要应用场景为高速公路，因为高速公路属于封闭式场所，但相对国道、城市道路等环境，不确定因素更少，更适合编队行驶[21]。编队车辆通常以较小固定间隙距离（时距 0.3～1s）

的车队形式同时行进，通过 V2V 车联网通信和 ADAS 即时交换车辆、环境信息，最前车辆充当领航员的角色，后车自动跟随行驶，并实现编队车辆几乎同步加减速、转向及制动。

编队行驶具有以下三个方面的优势[22,23]。

(1) 经济效益。

由于列队行驶可以保持更近的距离，前车会帮后车形成气流真空带，大大减少了后车的空气阻力，有效降低车辆燃油消耗。

(2) 道路安全。

90%的交通事故都是因为驾驶员操作失误导致，把操作交给车辆自动执行，可以减少人失误的概率。高速公路上编队行驶的车辆可以比作是连接起来的火车车厢，通过车辆之间的 V2V 无线连接，编队行驶系统可以在 0.1s 内同步完成所有车辆操作控制，每个驾驶员反而需要 1.4s 以上的反应时间，队列行驶叠加后反应时间更长，因此，编队行驶系统能够比人类驾驶更安全更有效地操作车辆。此外，编队行驶技术还可以接管驾驶员的横向驾驶任务，避免或减少车辆侧翻事故发生。

(3) 道路运输效率。

编队行驶非常类似于协同自适应巡航控制 (Cooperative Adaptive Cruise Control，CACC)。CACC 和编队行驶之间的主要区别在于编队增加了横向控制，而 CACC 仅控制车辆与其前车的纵向距离。在编队系统的控制下，车辆以较小的间隙距离行驶，使得高速公路的吞吐量更高；另一方面，减少了道路行列之间车辆的速度差异，使交通流量变得更加稳定。

综上，编队行驶不仅在提高道路通行能力、缓解交通拥堵以及提升交通系统的安全性方面具有关键的理论指导意义，而且为智能交通系统的发展和管理也提供了理论基础和技术支撑，对现代交通系统带来的正面影响和实际意义已经显而易见。但是编队行驶技术距离落地还有很长的路要走，编队行驶测评也是其中的一项重点和难点工作。

编队行驶由于参与目标多，为了保证测评结果的准确性，对测评设备的全局时空统一能力也提出了较高的要求。

5.3.3.1　测试方案

车辆编队行驶过程中，队列内各车可以通过通信技术进行联接，后面尾随的车辆可以收到前车加速、刹车、变道等信息，并在最短的时间内做出反应，保证编队行驶的稳定性。车辆编队行驶测试包含编队加速/减速测试和编队变道测试两个场景。

（1）编队加速/减速测试场景测试方法。

编队加速测试场景如图 5.26 所示。

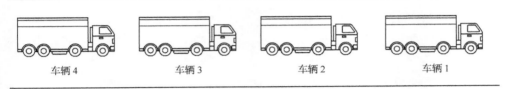

图 5.26　编队加/减速测试场景示意图

①试验道路长度至少为 5km。

②编队车辆不少于 4 辆，且每辆车配有一套短途通信系统和一套定位系统。

③编队速度达到 50km/h 后测试开始，编队内车辆分别加速至 60km/h、70km/h，或者编队速度达到 70km/h 后测试开始，编队内车辆分别减速至 60km/h、50km/h。

④当编队速度趋于一致后测试结束。

（2）编队变道测试场景测试方法。

编队变道测试场景如图 5.27 所示。

图 5.27　编队变道测试场景示意图

①试验道路长度至少为 5km，至少包含两个车道，车道线清晰可见。

②编队车辆不少于 4 辆，且每辆车配有一套短途通信系统和一套定位系统。

③编队速度达到 50km/h 后测试开始，车辆 1 变道至相邻车道。

④当车辆编队完成变道后测试结束。

5.3.3.2　测试过程

（1）测试现场。

模拟双车编队，两车均由驾驶员操作，后车跟随前车在封闭测试场内进行加速、减速、变道等操作。测试现场如图 5.28 所示。

图 5.28　现场场景

（2）测试设备安装。

每辆车上都安装一套与 5.3.1.2 节中一致的车载测评设备。

（3）测试结果分析。

在分析测试结果前需要先确定各编队测试场景的测试指标。

①编队加速测试指标。

依据《智能网联汽车自动驾驶功能测试方法及要求第 3 部分列队跟驰功能》标准，编队加速实验测试应满足：编队行驶后，两两车距应保持在设定距离的±25%范围内，且最大距离不大于 20m。

进一步地，还可以利用编队行驶过程中的各车速度以及纵向相对距离来评价编队加速测试。因此设计了队列车距保持精度和队列速度保持精度用来描述编队功能在编队加速试验中的性能。

队列速度保持精度计算方法如下

$$\xi_V = \sqrt{\frac{1}{ns}\sum_{i=1}^{n}\sum_{k=1}^{s}[v_i(k)-\overline{v}(k)]^2} \tag{5-2}$$

式中，ξ_V 表示编队加速场景下的队列速度保持精度，n 表示编队车辆总数，s

表示测试过程中的采样点个数，$v_i(k)$ 表示队列中第 i 辆车在 k 时刻的速度，$\bar{v}(k)$ 表示队列中所有车在 k 时刻的平均速度，$\bar{v}(k) = \dfrac{1}{n}\sum_{i=1}^{n} v_i(k)$。

相应地，队列车距保持精度计算方法如下

$$\xi_D = \sqrt{\frac{1}{(n-1)s}\sum_{i=2}^{n}\sum_{k=1}^{s}\left[\Delta d_i(k) - \Delta d\right]^2} \tag{5-3}$$

式中，ξ_D 表示编队加速场景下的队列车距保持精度，n 表示编队车辆总数，s 表示测试过程中的采样点个数，Δd 表示编队行驶设定的车距，$\Delta d_i(k)$ 表示队列中第 i 辆车距离前车的距离，$\Delta d_i(k) = \sqrt{(x_{ei}(k) - x_{ei-1}(k))^2 + (x_{ni}(k) - x_{ni-1}(k))^2} - l$，$x_{ei}$ 表示队列中第 i 辆车的东向位置分量，x_{ni} 表示队列中第 i 辆车的北向位置分量，l 表示编队车辆的纵向长度。

②编队减速测试指标。

在《智能网联汽车自动驾驶功能测试方法及要求第 3 部分列队跟驰功能》标准中，编队减速实验测试仅要求测试车辆之间不能发生碰撞。

而编队减速过程实际类似于自动紧急制动（AEB）过程，参考《营运车辆自动紧急制动系统性能要求和测试规程》（JT/T 1242-2019）中的距离碰撞时间，距离碰撞时间是指某一时刻前后车不改变行驶速度的情况下，后车继续行驶与前车发生碰撞所需的时间，等于跟驰距离与相对速度的比值

$$\text{TTC}_i(k) = \begin{cases} +\infty, & v_i(k) \leqslant v_{i-1}(k) \\ \dfrac{\Delta d_i(k)}{v_i(k) - v_{i-1}(k)}, & v_i(k) > v_{i-1}(k) \end{cases} \tag{5-4}$$

式中，$\text{TTC}_i(k)$ 表示队列里第 i 辆车的距离碰撞时间，$v_i(k)$ 表示队列里第 i 辆车在 k 时刻的速度，$\Delta d_i(k)$ 表示队列中第 i 辆车距离前车的距离。

从数学形式看 TTC 不是前后车速度差的连续函数，不利于数据的分析，因此可以采用距离碰撞时间倒数（Inverse Time-to-Collision，ITC）作为碰撞时间的函数指导编队跟驰行为，计算方法如下

$$\text{ITC}_i(k) = \frac{1}{\text{TTC}_i(k)} \tag{5-5}$$

当距离碰撞时间越大时，安全系数越高，此时距离碰撞时间倒数也就越小，反之，当距离碰撞时间倒数越大时，安全系数越低。因此计算出编队制

动过程中所有车辆(除第一辆车外)的 ITC，并取其中所有值的最大值来作为编队制动过程的安全性指标。

同时，通过比较队列内各车在减速实验中的制动减速度一致性来评价队列制动的响应速度，记为队列制动一致性 BC(Brake Consistency)

$$BC = \frac{1}{ns} \sum_{k=1}^{s} \sum_{i=1}^{n} [a_i(k) - \overline{a}(k)]^2 \tag{5-6}$$

式中，n 表示编队车辆总数，s 表示测试过程中的采样点个数，$a_i(k)$ 表示队列里第 i 辆车在 k 时刻的加速度，$\overline{a}(k)$ 表示队列里所有车辆在 k 时刻的平均加速度，$\overline{a}(k) = \frac{1}{n} \sum_{i=1}^{n} a_i(k)$。

③编队变道测试指标。

依据《智能网联汽车自动驾驶功能测试方法及要求第 3 部分列队跟驰功能》标准，编队加速实验测试应有以下基础要求：测试车辆之间不得发生碰撞；车队均完成换道后，跟随车辆相对于第一辆车的横向距离偏移量不大于 0.5m。

由此，可以将上述要求扩展并量化为航向一致性、横摆稳定性、安全距离余量、横向偏移距离。

航向一致性定义为

$$YC = \frac{1}{ns} \sum_{k=1}^{s} \sum_{i=1}^{n} [\varphi_i(k) - \overline{\varphi}(k)]^2 \tag{5-7}$$

式中，n 表示编队车辆总数，s 表示测试过程中的采样点个数，$\varphi_i(k)$ 表示队列里第 i 辆车在 k 时刻的加速度，$\overline{\varphi}(k)$ 表示队列里所有车辆在 k 时刻的平均加速度，$\overline{\varphi}(k) = \frac{1}{n} \sum_{i=1}^{n} \varphi_i(k)$。

单车变道横摆稳定性定义为

$$\sigma_{iMSE} = \sqrt{\frac{1}{s} \sum_{k=1}^{s} (\omega_i(k) - \overline{\omega}_i(k))^2} \tag{5-8}$$

式中，σ_{iMSE} 表示单车变道横摆稳定性的量化值，反映了队列中第 i 辆车执行车道变换的激进程度，从而评价变道过程中的安全性，s 表示测试过程中的采样点个数，$\omega_i(k)$ 为 k 时刻车辆的横摆角速度，$\overline{\omega}_i(k)$ 表示 k 时刻横摆角速度

的期望值 $\bar{\omega}_i(k) = \dfrac{1}{\Omega_i(k)}\sqrt{v_{\mathrm{ie}}^2(k) + v_{\mathrm{in}}^2(k)}$，$\sigma_{\mathrm{iMSE}}$、$\omega_i(k)$、$\bar{\omega}_i(k)$ 的单位均为 deg/s，

曲率半径计算：$\Omega_i(k) = \dfrac{\sqrt{B_{i1} + B_{i2}}}{2(B_{i3} - B_{i4})}$，变量 B_{i1}、B_{i2}、B_{i3}、B_{i4} 分别为

$$
\begin{cases}
B_{i1} = [x_{\mathrm{in}}(k) - x_{\mathrm{in}}(k-2) + B_{i3}(x_{\mathrm{ie}}(k-1) - x_{\mathrm{ie}}(k-2)) \\
\qquad - B_{i4}(x_{\mathrm{ie}}(k-1) + x_{\mathrm{ie}}(k) - 2x_{\mathrm{ie}}(k-2))]^2 \\
B_{i2} = [B_{i3}(x_{\mathrm{in}}(k-1) - 2x_{\mathrm{in}}(k-2)) + B_{i4}(x_{\mathrm{in}}(k) + x_{\mathrm{in}}(k-2) - x_{\mathrm{in}}(k-1)) \\
\qquad - B_{i3}B_{i4}(x_{\mathrm{ie}}(k) - x_{\mathrm{ie}}(k-2))]^2 \\
B_{i3} = -\dfrac{x_{\mathrm{ie}}(k-2) - x_{\mathrm{ie}}(k-1)}{x_{\mathrm{in}}(k-2) - x_{\mathrm{in}}(k-1)} \\
B_{i4} = -\dfrac{x_{\mathrm{ie}}(k) - x_{\mathrm{ie}}(k-1)}{x_{\mathrm{in}}(k) - x_{\mathrm{in}}(k-1)}
\end{cases}
\tag{5-9}
$$

式中，$v_{\mathrm{ie}}(k)$、$v_{\mathrm{in}}(k)$ 分别表示队列中第 i 辆车 k 时刻的东向速度和北向速度，$x_{\mathrm{ie}}(k)$、$x_{\mathrm{in}}(k)$ 分别表示队列中第 i 辆车 k 时刻的东向位置和北向位置。

对变道过程中队列所有车的单车变道横摆稳定性求平均记为队列变道横摆稳定性

$$
\sigma_{\mathrm{MSE}} = \sum_{i=1}^{n} \sigma_{\mathrm{iMSE}}
$$

在变道实验中，安全距离余量不能简单地等于两车定位距离差减去车长，因此需要构建编队行驶安全余量测量模型。

首先计算每辆车四个顶点的位置，以第二辆车为例，l 和 w 分别为车身的长度和宽度，(x_2, y_2, φ_2) 为定位点 S_2 的坐标和航向角，Δl 和 Δw 分别为定位点到车头和车侧的距离，A_{21}、A_{22}、A_{23}、A_{24} 分别表示车的四个顶点，其坐标为

$$
\begin{cases}
A_{21}(x_2 + \sqrt{\Delta l^2 + \Delta w^2} \cdot \cos\alpha_{21}, y_2 + \sqrt{\Delta l^2 + \Delta w^2} \cdot \sin\alpha_{21}) \\
A_{22}(x_2 + \sqrt{\Delta l^2 + \Delta w^2} \cdot \cos\alpha_{22}, y_2 + \sqrt{\Delta l^2 + \Delta w^2} \cdot \sin\alpha_{22}) \\
A_{23}(x_2 + \sqrt{(l-\Delta l)^2 + (w-\Delta w)^2} \cdot \cos\alpha_{23}, y_2 + \sqrt{\Delta l^2 + \Delta w^2} \cdot \sin\alpha_{23}) \\
A_{24}(x_2 + \sqrt{(l-\Delta l)^2 + (w-\Delta w)^2} \cdot \cos\alpha_{24}, y_2 + \sqrt{\Delta l^2 + \Delta w^2} \cdot \sin\alpha_{24})
\end{cases}
\tag{5-10}
$$

式中，α_{21}、α_{22}、α_{23}、α_{24} 分别为连线 $S_2 A_{21}$、$S_2 A_{22}$、$S_2 A_{23}$、$S_2 A_{24}$ 与车辆航向角的夹角，即

$$\begin{cases} \alpha_{21} = \varphi_2 - \arctan\dfrac{\Delta w}{\Delta l} \\[2mm] \alpha_{22} = \varphi_2 + \arctan\dfrac{\Delta w}{\Delta l} \\[2mm] \alpha_{23} = \varphi_2 - \arctan\dfrac{l - \Delta w}{l - \Delta l} \\[2mm] \alpha_{24} = \varphi_2 + \arctan\dfrac{l - \Delta w}{l - \Delta l} \end{cases}$$

如图 5.29 所示，得到了队列内所有车辆的顶点坐标，进一步可以计算出每辆车的车身曲线方程 Γ_1、Γ_2、Γ_3。

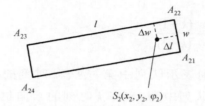

图 5.29　第二辆车顶点坐标计算图

对队列内第 i 辆车（$i > 1$）定义 k 时刻的安全距离余量为车前端两个顶点到前车曲线距离的最小值

$$d_i(k) = \min\big(A_{i1}(k)\Gamma_{i-1}(k),\, A_{i2}(k)\Gamma_{i-1}(k)\big) \tag{5-11}$$

式中，$A_{i1}(k)\Gamma_{i-1}(k)$ 表示第 i 辆车定义 k 时刻的前端顶点 $A_{i1}(k)$ 到前车曲线 $\Gamma_{i-1}(k)$ 的距离，$A_{i2}(k)\Gamma_{i-1}(k)$ 表示第 i 辆车定义 k 时刻的前端顶点 $A_{i2}(k)$ 到前车曲线 $\Gamma_{i-1}(k)$ 的距离。

最后求整个采样过程安全余量的最小值

$$D_{\text{safe}} = \min\left(\sum_{k=1}^{s}\sum_{i=2}^{n} d_i(k)\right) \tag{5-12}$$

定义编队内第 i 辆车横向偏移 d_{iy} 如图 5.30 所示，在已知队列第一辆车的位置、航向角及队列第 i 辆车的位置时，可以通过几何关系计算得到 d_{iy}

$$d_{iy} = \sqrt{(x_i - x_1)^2 + (y_i - y_1)^2} \cdot \sin\theta \tag{5-13}$$

式中，(x_1, y_1)、(x_i, y_i) 分别是第一辆车和第 i 辆车的坐标，θ 为两车定位点连线与第一辆车航向的夹角，$\theta = \arctan[(y_i - y_1)/(x_i - x_1)] + \varphi_1$，$\varphi_1$ 为第一辆车的航向角。

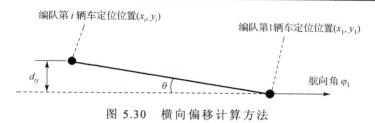

图 5.30　横向偏移计算方法

进一步计算队列整体横向偏移距离

$$d_y = \frac{1}{s(n-1)} \sum_{k=1}^{s} \sum_{i=2}^{n} d_{iy}(k)$$ (5-14)

式中，d_y 表示队列整体在采样周期内的横向偏移距离，n 表示编队车辆总数，s 表示测试过程中的采样点个数，$d_{iy}(k)$ 表示编队内第 i 辆车在 k 时刻的横向偏移。

综上，所构建的各测试场景下车辆编队行驶测评指标如表 5.7 所示。

表 5.7　基于场景分类的编队测评指标体系

编队测试	编队加速测试	队列速度保持精度
		队列车距保持精度
	编队减速测试	最大距离碰撞时间倒数
		队列制动一致性
	编队变道测试	航向一致性
		队列横摆稳定性
		最小安全距离余量
		横向偏移距离

测试过程中开展了多组编队加速、减速、变道实验，部分实验轨迹、速度曲线如图 5.31 所示。

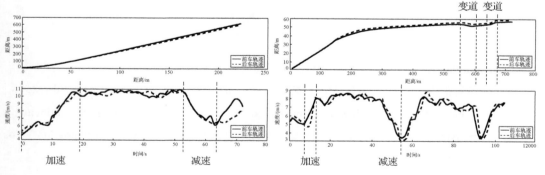

图 5.31　实验轨迹、速度曲线

部分实验结果分析如表 5.8～表 5.10 所示。测试结果和实际情况一致。

表 5.8　双车编队加速测评指标计算

编队加速测试实验	编队加速测试指标	
	队列速度保持精度/(m/s)	队列车距保持精度/m
1	0.7881	1.7256
2	0.4120	5.2918
3	0.2171	8.2077
4	0.1792	7.3343
5	0.4426	7.9735

表 5.9　双车编队减速测评指标计算

编队加速测试实验	编队加速测试指标	
	最大距离碰撞时间倒数/(1/s)	队列制动一致性/(m/s²)
1	0.3112	1.0303
2	0.3958	0.9318
3	0.5363	0.8938

表 5.10　双车编队变道测评指标计算

编队加速测试实验	编队加速测试指标			
	航向一致性/(°)	横摆稳定性/(°/s)	最小安全距离余量/m	横向偏移距离/m
1	1.3752	1.6194	18.67	1.6042
2	1.3192	1.6493	13.2189	2.9308
3	1.5657	2.9484	0.6164	1.3331

参 考 文 献

[1]　Anonymous. Mcity grand opening. The UMTRI Research Review, 2015, 46(3): 1-10.

[2]　美国智能网联汽车示范区 Mcity 简介. http://www.istis.sh.cn/list/list.aspx?id=12508.

[3]　Cosgun A, Ma L, Chiu J, et al. Towards full automated drive in urban environments: a demonstration in gomentum station//IEEE Intelligent Venicles Symposium, Los Angeles, 2017.

[4]　Jacobson J, Eriksson H, Janevik P, et al. How is AstaZero designed and equipped for

active safety testing//The International Technical Conference on the Enhanced Safety of Vehicles(ESV), New York, 2015.

[5] 余卓平. 全球智能网联汽车试验场发展现状与建设建议. https://www.sohu.com/a/199723844_465591, 2017.

[6] 彭斐. 示范上海 领跑中国 上海国际汽车城推动智能网联汽车产业. 汽车与配件, 2016, (19): 46-48.

[7] 国家智能网联汽车(上海)试点示范区愿景规划. http://www.anicecity.org/front/site/news/newsDetailByType.jhtml?type=2.

[8] 佚名. 中国汽研·智能汽车测试评价中心. 汽车工程学报, 2017, (1): 2.

[9] 工业和信息化部、公安部、江苏省人民政府共建国家智能交通综合测试基地. http://www.gov.cn/xinwen/2017-09/13/content 5224787.htm, 2017.

[10] 宋向辉. 交通运输部智能驾驶测试基地//智能网联汽车技术发展论坛, 重庆, 2016.

[11] Liu L, Zhu X C, Chen M, et al. A systematic scenario typology for automated vehicles based on China-FOT. SAE Technical Paper, 2018.

[12] 中华人民共和国住房和城乡建设部. 城市道路工程设计规范. 北京: 中国建筑工业出版社, 2012.

[13] Schuldt F, Ulbrich S, Menzel T, et al. Defining and substantiating the terms scene, situation, and scenario for automated driving//Intelligent Transportation Systems ITSC, 2015.

[14] 中国国家标准化管理委员会. 机动车运行安全技术条件(GB7258-2017). 北京: 中国标准出版社, 2017.

[15] 全国交通工程设施(公路)标准化技术委员会. 道路交通标志和标线(GB5768-1999). 北京: 中国标准出版社, 1999.

[16] 交通部公路科学研究院. 公路交通安全设施设计规范(JTG D81-2017). 北京: 人民交通出版社, 2017

[17] 许多, 方守恩, 陈雨人. 山区公路弯道预警方法研究. 交通信息与安全, 2017, 35(6): 7.

[18] 张胜平, 马香娟. 恶劣天气下公路急弯路段追尾预警系统设计. 公路交通科技(应用技术版), 2016, 12(9): 237-239.

[19] 江丽君, 贺锦鹏, 刘卫国, 等. 自动紧急制动系统测试场景研究. 汽车技术, 2014, (1): 39-43.

[20] 景首才. 基于车路协同的车辆追尾预警系统的研究与实现. 西安: 长安大学, 2016.

[21] Johansson A, Turri V, Nekouei E, et al. Truck platoon formation at hubs: an optimal release time rule. IFAC PapersOnLine, 2020, 53(2): 15312-15318.

[22] Zheng R C, Nakano K, Yamabe S, et al. Safety evaluation of system failures in formation processes during automatic platooning of trucks//The ITS World Congress, Tokyo, 2014.

[23] 世界卡车列队跟驰技术进展报告. 智能网联汽车, 2021, (2): 74-78.

彩　　图

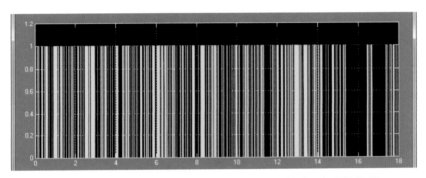

图 3.15　路侧预警信号强度（纵坐标 1 表示接收到预警信号，
0 表示没有接收到预警信号）

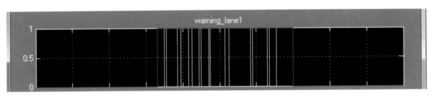

图 3.18　碰撞危险预警信号（纵坐标 1 表示接收到预警信号，
0 表示没有接收到预警信号）